Parliamo italiano!

Instructor's Resource Manual

Parliamo italiano!

A COMMUNICATIVE APPROACH

Instructor's Resource Manual

Tapescript and Answer Key for the Laboratory Manual

Suzanne Branciforte
College of the Holy Cross

Video Teaching Suggestions and Videoscript

Suzanne Branciforte
College of the Holy Cross

Anna Grassi

Testing Program and Answer Key

Suzanne Branciforte
College of the Holy Cross

Carol Lettieri

HOUGHTON MIFFLIN COMPANY BOSTON NEW YORK

Director, Modern Language Programs: E. Kristina Baer
Senior Development Editor: Sharon Alexander
Senior Manufacturing Coordinator: Priscilla J. Bailey
Marketing Manager: Elaine Uzan Leary

Copyright © 1998 by Houghton Mifflin Company. All rights reserved.

Houghton Mifflin Company hereby grants you permission to reproduce the Houghton Mifflin material contained in this work in classroom quantities, solely for use with the accompanying Houghton Mifflin textbook. All reproductions must include the Houghton Mifflin copyright notice, and no fee may be collected except to cover the cost of duplication. If you wish to make any other use of this material, including reproducing or transmitting the material or portions thereof in any form or by any electronic or mechanical means including any information storage or retrieval system, you must obtain prior written permission from Houghton Mifflin Company, unless such use is expressly permitted by federal copyright law. If you wish to reproduce material acknowledging a rights holder other than Houghton Mifflin Company, you must obtain permission from the rights holder. Address inquiries to College Permissions, Houghton Mifflin Company, 222 Berkeley Street, Boston, MA 02116-3764.

Printed in the U.S.A.

ISBN: 0-395-83508-9

23456789-PO-01 00

CONTENTS

INTRODUCTION

The Instructor's Resource Manual for *Parliamo italiano!* has six parts:

- Tapescript
- Answer Key for the Laboratory Manual
- Instructor's Notes for the *Parliamo italiano!* Video
- Videoscript
- Testing Program
- Answer Key for the Testing Program

The pages of this manual are perforated for easy removal. They may be photocopied for distribution to students, to other instructors, or to others involved with the instructor's teaching efforts.

Tapescript

This section is a written transcript of the contents of the Cassette Program for *Parliamo italiano!* The Cassette Program is designed to be used in conjunction with the Laboratory Manual.

Answer Key to the Laboratory Manual

The Answer Key to the Laboratory Manual provides answers for all written activities in the Laboratory Manual. The answer key may be distributed to students for self-correction or placed on file for use in the language laboratory or media center.

Instructor's Notes for the *Parliamo italiano!* Video

The Instructor's Notes for the *Parliamo italiano!* Video provide a description of the format and plot of the video, general recommendations on use of the video, and information specific to each of the twelve modules it comprises. This information includes a functional and thematic outline and numerous suggestions for activities to supplement those in the textbook.

Videoscript

The Videoscript is a written transcript of the contents of the *Parliamo italiano!* video.

Testing Program

The Testing Program for *Parliamo italiano!* provides instructors with an effective means of evaluating students' progress. It includes the following materials:

- Twenty-five quizzes (100 points each)
- Two midterm examinations (200 points each)
- Two final examinations (300 points each)

Two quizzes are provided for each regular unit of the textbook—one for sections A and B, the other for sections C and D. A quiz is also included for the preliminary unit. The midterm examinations are designed to be administered after Units 3 and 9, and the final examinations after completion of Units 6 and 12. The final examinations are cumulative, although they emphasize new material covered after the midterm examination. To facilitate correction, point values are provided for each section of the quizzes and exams.

Both quizzes and exams measure students' achievement in form acquisition, function and usage, vocabulary, listening comprehension, and writing. Each begins with a series of oral questions that test students' ability to comprehend spoken Italian and to express themselves in writing. These questions, which are read aloud by the instructor, appear as the first items in each answer key. The remaining test items assess students' control of key vocabulary and structures in the unit(s) covered by the quiz or exam. The extra-credit items at the end of each quiz are based primarily on the *Lo sapevi che... ?* sections of the textbook. The format of test items varies throughout the Testing Program, ranging from fill-ins and matching exercises to generation of complete sentences and paragraphs. The midterm and final examinations feature short essay topics. Instructors should feel free to modify these quizzes and exams to reflect their individual or departmental objectives and goals.

Answer Key for the Testing Program

The Answer Key for the Testing Program provides responses to items with prescribed answers in the Testing Program.

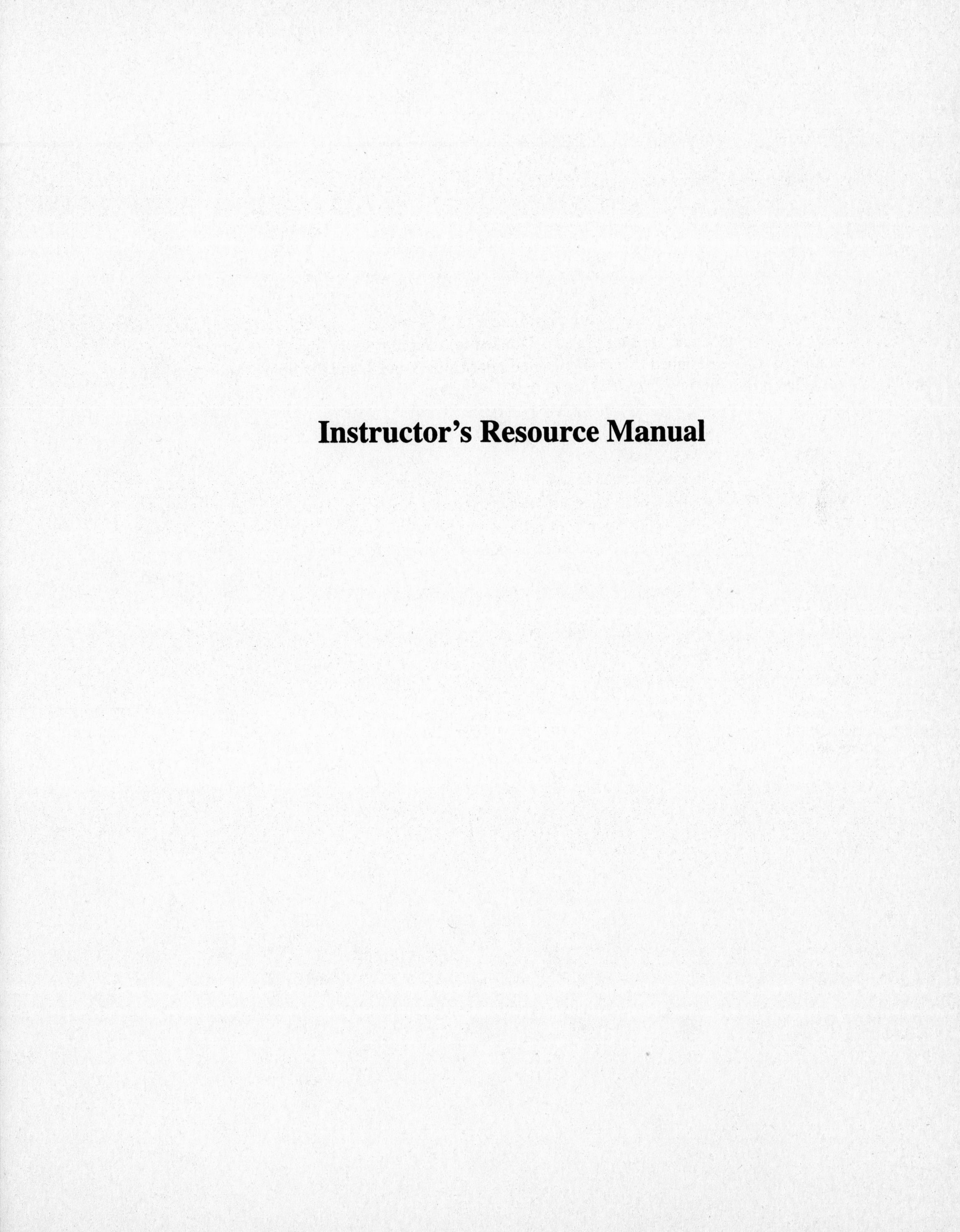

Instructor's Resource Manual

Tapescript

Unità preliminare

PER LA PRONUNCIA

The alphabet

A. L'alfabeto italiano. Listen and repeat each letter of the Italian alphabet after the speaker.

a (#) bi (#) ci (#) di (#) e (#) effe (#) gi (#) acca (#) i (#)
elle (#) emme (#) enne (#) o (#) pi (#) cu (#) erre (#) esse (#) ti (#)
u (#) vu (#) zeta (#)

Several letters of foreign origin are used in Italian. Repeat each letter you hear after the speaker and then write it in your lab manual.

i lunga (#) cappa (#) doppia vu (#) ics (#) i greca (#)

There are five Italian vowels. Listen and repeat each vowel after the speaker.

a (#) e (#) i (#) o (#) u (#)

B. Come si scrive... ? Listen and write the letters that you hear. Then repeat the word that they form after the speaker.

1. effe-i-a-ti (#) Fiat (#)
2. vu-i-enne-ci-i (#) Vinci (#)
3. zeta-a-emme-bi-o-enne-i (#) zamboni (#)
4. gi-erre-a-zeta-i-e (#) grazie (#)
5. ti-a-ics-i (#) taxi (#)

ATTIVITÀ PER LA COMPRENSIONE

C. La festa. You will hear three introductions at a party. Listen to each conversation and decide whether it is formal or informal. Then mark an **X** in the appropriate category in your lab manual.

1.
ANGELA Buongiorno. Sono Angela Negro.
MICHELE Buongiorno. Sono Michele Carbone.
ANGELA Piacere.
MICHELE Molto lieto.

Copyright © Houghton Mifflin Company. All rights reserved.

2.

LORENZA	Ciao!
CARLO	Ciao, Lorenza. Come stai?
LORENZA	Benone, e tu?
CARLO	Non c'è male.

3.

SIGNORA	Salve.
SIGNORE	Buongiorno. Come sta?
SIGNORA	Bene, grazie, e Lei?
SIGNORE	Molto bene, grazie. ArrivederLa.
SIGNORA	ArrivederLa, signore.

D. Di dove sei? You will hear three conversations. Listen carefully to each one to discover where the speakers are from and write the name of the city in your lab manual.

1.

ENRICO	Ciao. Mi chiamo Enrico. E tu, come ti chiami?
LILIANA	Mi chiamo Liliana. Sono di Ancona. Di dove sei?
ENRICO	Sono di Napoli.

2.

GALLETTI (female)	Buongiorno. Sono il dottor Galletti. Di dov'è Lei?
SIGNORE (male)	Sono di Brescia. E Lei, signora?
GALLETTI (female)	Sono di Pisa.

3.

ALBERTO	Salve! Come si chiama Lei?
MARIA	Sono Maria Castoldi. E Lei?
ALBERTO	Mi chiamo Alberto De Santis. Sono di Firenze. E Lei, di dov'è?
MARIA	Sono di Torino.

E. Il primo giorno di lezione. Two students are meeting in Italian class on the first day of school, but you will only hear what one student is saying. As you listen, number the responses in your lab manual in the order that logically completes the conversation. Read the responses before listening to the student. You may have to listen more than once.

ROBERTO	Ciao! (#)
ROBERTO	Come ti chiami? (#)
ROBERTO	Mi chiamo Roberto. Piacere. (#)
ROBERTO	Di dove sei tu? (#)
ROBERTO	Come stai oggi? (#)

 Copyright © Houghton Mifflin Company. All rights reserved.

F. I numeri. Listen and write the number that you hear in your lab manual.

1. quattro (#)
2. sei (#)
3. quindici (#)
4. dieci (#)
5. diciotto (#)
6. sette (#)
7. ventitré (#)
8. trentuno (#)

Now stop the tape and write the word for each number.

G. Telefonami! Listen to the following people and write their phone numbers in your lab manual. Don't worry if you don't understand every word the person says; just jot down the phone number.

1.
GIOVANNI Ciao! Mi chiamo Giovanni e il mio numero di telefono è 37.52.68. (#)

2.
CAROLA Io sono Carola e il mio numero di telefono è 45.62.15. (#)

3.
GILA Sono Gila e il mio numero è 23.71.18. Telefonami! (#)

4.
LORENZO Buongiorno. Mi chiamo Lorenzo Benci. Il mio numero di telefono è 84.05.96. Telefonami! (#)

End of Unità preliminare.

Copyright © Houghton Mifflin Company. All rights reserved.

Unità 1

INCONTRI

A. Roma, Città Eterna. Read along by opening your text to page 18. The conversation will be read without pauses. Listen to the **Incontro,** paying close attention to the speakers' intonation and pronunciation.

KRISTI	È vero che ci sono sette colli a Roma? (#)
ANTONELLA	Sì, esatto. I sette colli di Roma. (#)
KRISTI	Come si chiamano? (#)
ANTONELLA	Boh, non so se ricordo tutti i nomi... (#) il Gianicolo, il Palatino, il Campidoglio... (#)
KRISTI	E c'è anche un'isola a Roma, no? (#)
ANTONELLA	Sì! È l'isola Tiberina. (#)
KRISTI	Dov'è? (#)
ANTONELLA	In mezzo al fiume che passa per Roma. (#)
KRISTI	Come si chiama il fiume? (#)
ANTONELLA	Il Tevere. Ma, Kristi, quante domande! (#)
KRISTI	È la prima volta che visito Roma, e sono curiosa! (#)
ANTONELLA	Brava! Allora, andiamo al Pincio... (#) da lì c'è un bel panorama di Roma! (#) È una bella introduzione alla 'Città Eterna'! (#)

Now close your text. The conversation will be read a second time with pauses. Listen carefully and repeat what you hear, imitating the speakers' intonation and pronunciation.

B. Benvenuta a Roma! Read along by opening your text to page 25. The conversation will be read without pauses. Listen to the **Incontro,** paying close attention to the speakers' intonation and pronunciation.

KRISTI	Oggi visitiamo Roma! Ci sono tanti monumenti! (#) Da dove cominciamo? (#)
ANTONELLA	Ho un'idea... andiamo prima al Colosseo. (#)
KRISTI	Va bene! Per me, Roma è il Colosseo! (#)
ANTONELLA	Vicino al Colosseo c'è l'Arco di Costantino (#) e ci sono le rovine del Foro romano. (#)
KRISTI	Non vedo l'ora di essere davanti al Colosseo! Andiamo! (#)
ANTONELLA	Un momento! Abbiamo tutta una settimana, no? (#) Oggi è solo lunedì! (#) Oggi pomeriggio visitiamo Piazza di Spagna e la famosa Scalinata di Trinità dei Monti. Va bene? (#)
KRISTI	D'accordo! Grazie, Antonella! (#) Sei una vera amica (#)—visitare Roma con un'amica romana è il massimo! (#)
ANTONELLA	Prego! Figurati! (#) Ah, ecco Lorenzo! Ciao, Lorenzo! (#) Ti presento Kristi, un'amica americana. (#)
LORENZO	Salve, Kristi! Benvenuta a Roma! (#)
ANTONELLA	Lorenzo è una guida eccellente, un bravo cicerone. (#) Ora andiamo al Colosseo! (#)
KRISTI	Roma è davvero la Città Eterna! (#)

Now close your text. The conversation will be read a second time with pauses. Listen carefully and repeat what you hear, imitating the speakers' intonation and pronunciation.

Copyright © Houghton Mifflin Company. All rights reserved.

C. Un po' di riposo. Read along by opening your text to pages 32–33. The conversation will be read without pauses. Listen to the **Incontro,** paying close attention to the speakers' intonation and pronunciation.

KRISTI	Che fame che ho! Mangiamo qualcosa? (#)
ANTONELLA	Va bene! C'è una buona pizzeria vicino a Piazza Navona (#) in Via della Pigna. Andiamo! (#)
KRISTI	Ma che caldo oggi! (#) Ordiniamo una Cocacola, va bene? (#)
ANTONELLA	Sì, certo, ma io ordino anche l'acqua minerale. (#) Dopo tutti i monumenti di stamattina ho sete. (#) Ora riposiamo e mangiamo. Sei stanca? (#)
KRISTI	Un po'. E tu? (#)
ANTONELLA	Sì, anch'io. Non sono in forma! (#)
KRISTI	Ma scherzi! (#)
ANTONELLA	E pensa, ho solo ventidue anni! (#) Ma, Kristi, tu parli molto bene l'italiano! (#)
KRISTI	Me la cavo! (#)
ANTONELLA	Te la cavi bene! (#)

Now close your text. The conversation will be read a second time with pauses. Listen carefully and repeat what you hear, imitating the speakers' intonation and pronunciation.

D. Tre monete nella fontana. Read along by opening your text to page 40. The conversation will be read without pauses. Listen to the **Incontro,** paying close attention to the speakers' intonation and pronunciation.

KRISTI	Antonella, che giorno è oggi? (#)
ANTONELLA	Oggi è lunedì! Perché? (#)
KRISTI	Tra sei giorni, il 4 luglio, ritorno a Boston. (#) E ci sono tanti monumenti da vedere... (#)
ANTONELLA	Con calma, Kristi! C'è tempo! (#) Oggi è lunedì e in Italia i musei sono chiusi. (#)
KRISTI	Davvero! Allora, prepariamo un programma per la settimana? (#)
ANTONELLA	Va bene! Oggi e domani giriamo per il centro di Roma. (#)
KRISTI	Benissimo. E dopodomani? (#)
ANTONELLA	Andiamo in Via del Babuino (#) —una strada molto bella—che porta a Piazza del Popolo. (#)
KRISTI	Non dimentichiamo... venerdì incontriamo Lorenzo! (#)
ANTONELLA	Ah, sì. Venerdì è il compleanno di Lorenzo. (#)
KRISTI	Sabato è il 3 luglio! L'ultimo giorno! (#) Oh no! Una settimana non basta davvero. (#)
ANTONELLA	Allora, sabato andiamo alla Fontana di Trevi. (#)
KRISTI	Perché? (#)
ANTONELLA	Così butti tre monete nell'acqua (#) —e sicuramente tu torni ancora a Roma. (#)

Now close your text. The conversation will be read a second time with pauses. Listen carefully and repeat what you hear, imitating the speakers' intonation and pronunciation.

Copyright © Houghton Mifflin Company. All rights reserved.

PER LA PRONUNCIA

The sounds c and g

In Italian, **c** and **g** have a hard sound before the vowels **a, o,** and **u.** They have a soft sound before **e** and **i.** To make a hard **c** or **g** sound before **i** or **e,** an **h** is inserted between the **c** or **g** and the vowel.

A. Nomi italiani. Listen and repeat each pair of names after the speaker. Note the difference between the soft and hard sounds.

1. Lucia (#) Luca (#)
2. Cecilia (#) Carlo (#)
3. Ciro (#) Marco (#)
4. Giulia (#) Guglielmo (#)
5. Gianni (#) Gabriele (#)
6. Giovanna (#) Ugo (#)

B. Ad alta voce! Listen and repeat each word after the speaker, paying close attention to the pronunciation of the **c** and **g** sounds.

dolce (#)
giorno (#)
Chianti (#)
spaghetti (#)
cinema (#)
oggi (#)
perché (#)
ciao (#)
cappuccino (#)
gelato (#)
parmigiano (#)
chiesa (#)

C. La geografia italiana. Listen and repeat the name of each geographical location after the speaker. Then write **H** next to the word in your lab manual if the **c** or **g** sound is hard, and **S** if it is soft.

1. Calabria (#)
2. Lecce (#)
3. Gubbio (#)
4. Sicilia (#)
5. Como (#)
6. Genova (#)
7. Gorizia (#)
8. Foggia (#)
9. Cuneo (#)
10. Lago di Garda (#)
11. Bordighera (#)
12. Ischia (#)

The sounds gn and gl

In Italian, the letters **gn** are pronounced like the *ny* in *canyon*, or like the word **lasagna.** The letters **gl** are pronounced like the *ll* in *million*.

D. Ad alta voce! Listen and repeat each word after the speaker.

Bologna (#)
Cagliari (#)
gnocchi (#)
cognome (#)
giglio (#)
Spagna (#)
signore (#)
figlio (#)

Copyright © Houghton Mifflin Company. All rights reserved.

E. Orecchio alla pronuncia! Listen and repeat each pair of words, paying attention to the pronunciation of the **gn** and **gl** sounds.

1. montagna (#)	Montana (#)		4. aglio (#)	olio (#)
2. vigna (#)	vino (#)		5. voglio (#)	volo (#)
3. sogno (#)	sono (#)		6. maglia (#)	mela (#)

ATTIVITÀ PER LA COMPRENSIONE

F. Una visita a Roma. Listen to the following conversation between Teresa and Giusi, who are discussing their plans for their visit to Rome. Then circle in your lab manual the activity they have planned for each day. Read the list of activities before listening to the conversation.

TERESA Senti, Giusi, andiamo domani ai musei del Vaticano?
GIUSI No, domani è lunedì e i musei sono chiusi. Andiamo invece in Via Condotti a fare lo shopping.
TERESA D'accordo. E poi visitiamo il Vaticano martedì.
GIUSI Va bene. Così mercoledì incontriamo Marco e Riccardo.
TERESA OK, però non dimentichiamo, venerdì andiamo al Pantheon e Piazza Navona.
GIUSI Certo! Va bene. E giovedì sera andiamo in discoteca a ballare.
TERESA E quando visitiamo il Colosseo e il Foro romano?
GIUSI Sabato prossimo. D'accordo?

G. All'aeroporto. You will hear a conversation between a ticket agent for Alitalia and a passenger. Fill in the information the passenger provides on the computer screen in your lab manual. You may have to listen to the conversation more than once. Don't worry if you don't understand every word; just concentrate on obtaining the information needed and look at the computer screen before you begin.

IMPIEGATA Buongiorno. Prego.
SIGNORE Buongiorno. Sono un passaggero sul volo Alitalia 79 per New York.
IMPIEGATA Va bene. Come si chiama?
SIGNORE Davide Rienzi.
IMPIEGATA Nome, Davide. Il cognome ancora, prego.
SIGNORE Rienzi. Erre-i-e-enne-zeta-i.
IMPIEGATA Grazie. Dove abita, signor Rienzi?
SIGNORE Abito in via Mazzini, numero 62, Roma.
IMPIEGATA Qual è il Suo numero di telefono, prego?
SIGNORE 21.15.46.
IMPIEGATA Grazie. E la sua professione?
SIGNORE Sono professore d'inglese.
IMPIEGATA Benissimo. Buon viaggio!

Copyright © Houghton Mifflin Company. All rights reserved.

H. A teatro. Listen to the following recorded message giving the names of shows and the dates of their runs. Then fill in the start and end dates for each show listed in your lab manual. Don't worry if you don't understand every word; just concentrate on filling in the schedule.

Il Teatro Stabile "Goldoni" di Padova ha i seguenti spettacoli in programma:

Sei personaggi in cerca d'autore di Luigi Pirandello va in scena da mercoledì 22 febbraio, fino al 10 marzo. Ora degli spettacoli: 21.00.

Da venerdì, 17 marzo, fino a domenica, 2 aprile, *Vita di Galilei* di Berthold Brecht. Spettacoli alle ore 20.30.

Dal 6 aprile fino al 23 aprile abbiamo la commedia napoletana *Filumena Martorana* di Edoardo De Filippo. Lo spettacolo comincia alle ore 20.00.

E per concludere la stagione teatrale, *Mistero buffo* di Dario Fo, dal 27 aprile fino al 14 maggio.

I. Buon compleanno! Listen to the following people introduce themselves. Write the dates of their birthdays and their ages in your lab manual.

TERESA — Sono Teresa Auricchio. Sono nata a Napoli e il mio compleanno è l'11 settembre. Ho sessantacinque anni.
GIANNI — Mi chiamo Gianni. Ho trentatré anni e il mio compleanno è il 13 maggio.
SALVATORE — Sono Salvatore. Sono nato il 17 luglio e ho vent'anni.
ENZA — Mi chiamo Enza. Il mio compleanno è il 22 gennaio. Ho diciassette anni.

End of Unità 1.

Copyright © Houghton Mifflin Company. All rights reserved.

Unità 2

INCONTRI

A. In aula. Read along by opening your text to page 53. The conversation will be read without pauses. Listen to the **Incontro,** paying close attention to the speakers' intonation and pronunciation.

ALBERTO	Ciao, Silvia! Che cosa leggi? (#)
SILVIA	Ciao, Alberto! Leggo il libro di greco. (#)
ALBERTO	Io odio il greco! (#) Accidenti, il professore oggi interroga! (#) Tu sei brava, ma io non sono preparato per la lezione. (#)
SILVIA	No, non sono così brava come pensi, (#) ma se il professore mi chiede la traduzione (#) ... per lo meno sono preparata. (#)
ALBERTO	Mamma mia! Ma dov'è il libro di greco? (#) Qui non c'è! Accidenti! (#) Non ho il testo, non ho un quaderno, non ho una penna... (#)
SILVIA	Non hai un quaderno? Ma, Alberto! (#) Ecco! Prendi una penna e un foglio di carta, così prendi appunti. (#)
ALBERTO	Grazie, Silvia! Sei una vera amica! (#) Aiuto, ecco il professore di greco! (#)

Now close your text. The conversation will be read a second time with pauses. Listen carefully and repeat what you hear, imitating the speakers' intonation and pronunciation.

B. In ritardo per la lezione. Read along by opening your text to pages 63–64. The conversation will be read without pauses. Listen to the **Incontro,** paying close attention to the speakers' intonation and pronunciation.

PAOLO	Ciao, Anna! (#) Ma che zaino grandissimo! Che hai dentro? (#)
ANNA	Tutti i libri di letteratura inglese. Che peso! (#)
PAOLO	Per fortuna io studio architettura, (#) quindi ho molte penne e matite, e tanti quaderni, ma non ho molti libri. (#)
ANNA	Senti, Paolo, (#) la mia macchina non funziona oggi (#) e ho una lezione alla facoltà di lettere! (#) Sono in ritardo! (#)
PAOLO	Non c'è problema! (#) Ho la moto e la lezione di disegno inizia alle 11.00. Andiamo! (#)

Sulla moto di Paolo.

PAOLO	Tu frequenti il quarto anno, no? Con chi fai la tesi? (#)
ANNA	Con il professor Martelli. (#)
PAOLO	Qual è l'argomento? (#)
ANNA	La poesia di T. S. Eliot. (#)
PAOLO	Che bello! (#)
ANNA	Quando mi laureo, vorrei studiare la letteratura americana negli Stati Uniti. (#)
PAOLO	Anch'io vorrei fare un dottorato negli Stati Uniti, (#) magari a Harvard. (#)
ANNA	Magari! (#)

Now close your text. The conversation will be read a second time with pauses. Listen carefully and repeat what you hear, imitating the speakers' intonation and pronunciation.

Copyright © Houghton Mifflin Company. All rights reserved.

C. Il corso di laurea. Read along by opening your text to page 73. The conversation will be read without pauses. Listen to the **Incontro,** paying close attention to the speakers' intonation and pronunciation.

GIULIA	Ciao, Beppe! Come va? (#)
BEPPE	Salve, Giulia! Benone, e tu? (#)
GIULIA	Non c'è male. (#)
BEPPE	Scusa, Giulia, ma oggi ho fretta! (#) La mia lezione di inglese è alle dieci, (#) tra quindici minuti. (#)
GIULIA	Ah, anch'io studio inglese, ma alla Facoltà di Economia e Commercio. (#)
BEPPE	Economia e Commercio? Ma non studi le lettere classiche? (#)
GIULIA	Purtroppo, no. Ho cambiato facoltà. (#) Ora studio economia internazionale, ma non mi piace molto. (#)
BEPPE	Mi dispiace! Io invece sono alla Facoltà di Lettere (#)—studio la letteratura americana e canadese. (#) Seguo anche un corso di storia dell'arte—l'arte precolombiana. È affascinante! (#)
GIULIA	Che bello! Mi piace tanto la storia dell'arte! (#)
BEPPE	Perché non segui questo corso? (#) È molto interessante! (#)
GIULIA	Seguo già quattro corsi: (#) oggi ho legge internazionale alle undici, (#) e scienze politiche alle due e mezzo. Che giornata! (#)
BEPPE	Mamma mia! Senti, Giulia, mi dispiace! (#) Sono in ritardo per la mia lezione! (#) Quando ci vediamo? (#)
GIULIA	Perché non mangiamo un panino insieme domani a mezzogiorno? (#)
BEPPE	D'accordo! Dove? (#)
GIULIA	Ci troviamo al bar all'angolo. (#)
BEPPE	Benissimo! A domani! (#)

Now close your text. The conversation will be read a second time with pauses. Listen carefully and repeat what you hear, imitating the speakers' intonation and pronunciation.

D. Insegnanti futuri. Read along by opening your text to page 80. The conversation will be read without pauses. Listen to the **Incontro,** paying close attention to the speakers' intonation and pronunciation.

GIANNI	Ciao, Elisa! (#) Vieni oggi alla presentazione degli insegnanti del Liceo "Marconi"? (#) Discutono sulla situazione nelle scuole. (#)
ELISA	No, purtroppo, non vengo. (#)
GIANNI	Come mai? Due miei amici vengono perché è un argomento interessante. (#)
ELISA	Vedi, ora esco e vado all'asilo nido "Il Cucciolo" dove lavoro ogni pomeriggio. (#)
GIANNI	Che peccato! Ti piace lavorare lì? (#)
ELISA	Oh sì, mi piace molto! (#) Mi piacciono i bambini piccoli. (#) È per questo che studio a Magistero. (#) Magari l'anno prossimo insegno in una scuola elementare. (#)
GIANNI	Io invece preferisco i ragazzi che hanno tra dodici e quindici anni (#) ... gli anni della scuola media. (#)
ELISA	Beh, non vedo l'ora di essere davanti a una classe di alunni! (#)
GIANNI	Figurati, i compiti da correggere, gli studenti che saltano le lezioni... (#)
ELISA	Ma ci sono anche le gite scolastiche! (#)
GIANNI	Meno male! (#)

Now close your text. The conversation will be read a second time with pauses. Listen carefully and repeat what you hear, imitating the speakers' intonation and pronunciation.

Copyright © Houghton Mifflin Company. All rights reserved.

PER LA PRONUNCIA

Word stress

Most Italian words are stressed on the penultimate, or next-to-last, syllable. When words are stressed on the last syllable, there is an accent mark on the final vowel of that syllable to indicate the stress. Some words are stressed on the terzultimate (third-to-last) syllable or even before. These are called *parole sdrucciole*.

A. Ad alta voce! The following words are stressed on the penultimate syllable. Listen and repeat each word after the speaker.

lezione (#)
studente (#)
problema (#)
quaderno (#)
bicicletta (#)
appunti (#)

The following words are stressed on the last syllable. Listen and repeat each word after the speaker.

città (#)
virtù (#)
caffè (#)
parlò (#)
falò (#)
università (#)

The following words are *parole sdrucciole*. Listen and repeat each word after the speaker.

poetica (#)
logico (#)
cattedra (#)
doppia (#)
elettrico (#)
povero (#)

B. Orecchio alla pronuncia! Listen and repeat each word after the speaker; then underline the syllable that is stressed.

1. scuola (#)
2. isola (#)
3. libro (#)
4. repubblica (#)
5. macchina (#)
6. psicologo (#)
7. bambino (#)
8. stereo (#)
9. piccolo (#)
10. amico (#)
11. simpatica (#)
12. semplice (#)
13. compito (#)
14. domanda (#)
15. difficile (#)

ATTIVITÀ PER LA COMPRENSIONE

C. Di che cosa hai bisogno? Pino and his mother are discussing what things Pino needs to get before the first day of school. Listen to their conversation and circle the items listed in your lab manual that he needs to buy. Read the list of items before listening to the conversation.

MAMMA Pino, sei preparato per il primo giorno di lezione?
PINO No, mamma, ho bisogno di uno zaino.
MAMMA E per prendere gli appunti, cosa ti serve?
PINO Ho bisogno di quaderni, di penne e di matite.
MAMMA Compriamo anche una nuova bicicletta, così vai a scuola in bicicletta.
PINO Grazie, mamma!

Copyright © Houghton Mifflin Company. All rights reserved.

D. Dov'è l'insegnante? It is the first day of school and Mario is looking for his new teacher. Listen to his description of her and place a check mark below the drawing that fits the description. You may have to listen to the description more than once.

MARIO	Cerco la mia maestra. Si chiama Signora Rossetti e so che non è alta. È una giovane donna bionda. È molto sportiva ed è molto simpatica. Spero di trovarla!

E. Scambi culturali. Angelo is applying to be an exchange student. Listen to the following interview and take notes. Write at least three adjectives that describe him and at least three things that he likes to do. You may have to listen to the conversation more than once.

SIGNORA	Buongiorno, Angelo.
ANGELO	Buongiorno, signora.
SIGNORA	Dimmi, quali sono due delle tue caratteristiche che ti rendono adatto a questo tipo di scambio culturale?
ANGELO	Io sono molto sportivo. Sono aperto e mi piace parlare con altri studenti.
SIGNORA	Ti piace viaggiare?
ANGELO	Oh, sì. Mi piace molto viaggiare. Parlo inglese e spagnolo e mi piacciono le lingue straniere.
SIGNORA	Dove studi?
ANGELO	Studio all'università di Padova. Sono alla Facoltà di Economia e Commercio. Mi piace studiare; sono molto serio per quanto riguarda i miei studi.
SIGNORA	Sei una persona tranquilla, Angelo?
ANGELO	Sì, sono tranquillo, ma sono anche molto attivo e contento della mia vita!

F. A chi piace? Vincenzo and Elisa are discussing which courses to take this year. Listen to their conversation and, based on what you hear, mark an **X** in the appropriate columns in the chart in your lab manual to indicate their likes and dislikes.

ELISA	Vincenzo, quali corsi segui quest'anno?
VINCENZO	Boh! Vorrei seguire un corso di letteratura, ma non mi piace la poesia.
ELISA	Invece mi piace tanto la poesia! E mi piace leggere.
VINCENZO	Preferisco la matematica ma non mi piacciono i compiti!
ELISA	Figurati! Io vorrei diventare insegnante. Mi piacciono tanto i bambini piccoli.
VINCENZO	Io invece vorrei diventare un pilota dell'Alitalia. Mi piace tanto viaggiare!

G. Cosa fanno? Silvia and Luigi work in a law office. Listen to them describe what they do. Then write an **S** next to the tasks Silvia does, and an **L** next to Luigi's tasks.

LUIGI	Ogni giorno io apro l'ufficio alle otto e mezzo del mattino. Preparo il caffè e organizzo la scrivania dell'avvocato. Se è necessario, prendo appunti quando c'è una riunione.
SILVIA	Invece io rispondo al telefono. Scrivo delle lettere per l'avvocato e poi spedisco le lettere all'ufficio postale. Chiudo l'ufficio alle sette e mezzo di sera e vado a casa.

Copyright © Houghton Mifflin Company. All rights reserved.

H. Il programma della settimana. Today is Monday, and Franco and Giulia are planning their activities for the week. Listen to their conversation and fill in Franco's appointment book with his activities for the week. Don't forget to write down the times for his engagements!

GIULIA	Ciao, Franco! Come va?
FRANCO	Bene, Giulia. Però oggi vado dal dentista alle quattro e mezzo. Ho paura!
GIULIA	Ma no! Paura del dentista?! Allora, domani ti porto a prendere un gelato, va bene?
FRANCO	A che ora? Perché ho una lezione d'inglese alle undici, e poi vedo il professor Lostracco alle due e un quarto.
GIULIA	D'accordo. Allora andiamo dopo, alle quattro.
FRANCO	Bene!
GIULIA	Giochiamo a tennis mercoledì, no?
FRANCO	Sì, con Laura e Beppe. Giochiamo alle cinque e mezzo.
GIULIA	E giovedì sera andiamo a ballare?
FRANCO	No, mi dispiace, Giulia. Ho un esame venerdì mattina alle nove, e giovedì studio in biblioteca con Marco da mezzogiorno fino alle sei.
GIULIA	Che peccato! Allora, andiamo sabato sera.
FRANCO	D'accordo. Usciamo alle ventidue, va bene?
GIULIA	Va bene.

End of Unità 2.

Copyright © Houghton Mifflin Company. All rights reserved.

Unità 3

INCONTRI

A. Preparativi per le nozze. Read along by opening your text to page 95. The conversation will be read without pauses. Listen to the **Incontro,** paying close attention to the speakers' intonation and pronunciation.

LUCA	Allora, amore, chi dobbiamo invitare al nostro matrimonio? (#)
STEFANIA	Luca, prima decidiamo *quando* e *dove*. (#)
LUCA	Cosa intendi per "quando e dove"? (#)
STEFANIA	Voglio dire, quando ci sposiamo? Quale data? (#)
LUCA	A giugno, perché no? (#) Giugno è un bel mese per sposarsi. (#) Non piove, fa bel tempo, e non è troppo caldo. (#)
STEFANIA	Va bene. Vediamo un po'... (#) Il 17 giugno è un sabato. (#)
LUCA	Il 17 no!! Porta sfortuna! (#)
STEFANIA	Ah, Luca, ti voglio bene, sai? (#) Allora, il 24 giugno. (#) Ma dove ci sposiamo? In chiesa? In municipio? (#)
LUCA	Stefania, decidiamo dopo. (#) È più importante decidere *chi* invitiamo alla festa. (#)
STEFANIA	Tua madre e tuo padre, e i miei genitori, senz'altro. (#) Poi vediamo ... i nostri fratelli, ovviamente. (#) E mia sorella viene con la sua famiglia: suo marito e i loro due bambini. (#)
LUCA	Anche i bambini?! Allora dobbiamo invitare tutti i miei cugini! (#)
STEFANIA	Perché? (#)
LUCA	Perché mia madre vuole vedere tutta la famiglia al matrimonio. (#)
STEFANIA	Ma Luca, tu hai una famiglia enorme! (#) Invitiamo tutti i tuoi zii, i loro figli, tutti!? (#)
LUCA	Ma certo! Possiamo dare il ricevimento fuori, all'aperto. (#)
STEFANIA	E se piove? (#)
LUCA	Come si dice, "Sposa bagnata, sposa fortunata!" (#)

Now close your text. The conversation will be read a second time with pauses. Listen carefully and repeat what you hear, imitating the speakers' intonation and pronunciation.

B. A casa di Luca. Read along by opening your text to page 104. The conversation will be read without pauses. Listen to the **Incontro,** paying close attention to the speakers' intonation and pronunciation.

STEFANIA	Permesso! Buongiorno, signora Ianuzzi. (#) Ciao, Luca. (#)
SIGNORA IANUZZI	Avanti, Stefania! Benvenuta! (#)
LUCA	Ciao, Stefi! (#)
STEFANIA	Che bella casa! È una villa stupenda! (#) E poi qui fa così fresco. (#) Non è per niente caldo come nel mio appartamento in città. (#)
SIGNORA IANUZZI	Qui in campagna c'è sempre un po' d'aria. (#) Ma prego, accomodati. (#)
STEFANIA	Questo salotto è molto elegante e signorile. (#)
SIGNORA IANUZZI	Mio marito è antiquario e a lui non piace l'arredamento moderno. (#) I mobili di questa stanza sono di famiglia. (#) Vedi quell'oggetto su quel tavolino? È un esempio di arte normanna. Ti piace? (#)
STEFANIA	Oh, è meraviglioso! (#)
LUCA	Mamma, Stefania ed io abbiamo una bella notizia per te. (#)

 Copyright © Houghton Mifflin Company. All rights reserved.

STEFANIA	Ma come! Tua madre non sa ancora niente? (#)
SIGNORA IANUZZI	Come? Quale notizia? Ragazzi, è una buona notizia, vero? *(#)*

Now close your text. The conversation will be read a second time with pauses. Listen carefully and repeat what you hear, imitating the speakers' intonation and pronunciation.

C. Il ponte. Read along by opening your text to page 112. The conversation will be read without pauses. Listen to the **Incontro,** paying close attention to the speakers' intonation and pronunciation.

MARCO	Allora, dove andiamo per il ponte? (#)
ALESSANDRA	Non lo so ... in montagna? al mare? (#)
MARCO	Qui fa un caldo bestiale! (#) Andiamo dove fa più fresco. (#) Mio zio ha una casa di campagna sull'Etna. (#)
ALESSANDRA	Non mi piace l'idea del vulcano. (#) E se vediamo una bella nuvola bianca... ? (#)
MARCO	È solo fumo! Non è niente! Dove vuoi andare tu allora? (#)
ALESSANDRA	Perché non andiamo al mare—a Cefalù. (#)
MARCO	Al mare? E se piove? (#)
ALESSANDRA	Non essere pessimista! (#) Al mare c'è sempre un po' di vento, e c'è sempre il sole! (#)
MARCO	Non sempre! Può essere molto umido. (#)
ALESSANDRA	Senti, i miei hanno un piccolo appartamento nelle Isole Lipari (#) —ha quattro posti letto. (#) Così, volendo, possiamo invitare anche Luca e Stefania. (#)
MARCO	Alle Lipari? Ma c'è un bel vulcano attivo anche lì! (#)
ALESSANDRA	Sì, ma non è così grosso come l'Etna! (#) Dalla terrazza dell'appartamento c'è un bel panorama. (#) E possiamo andare tutti i giorni al mare. (#) Ti piace fare il bagno, no? (#)
MARCO	Sì, ma io preferisco andare in montagna. (#)
ALESSANDRA	Sei sempre bastian contrario, Marco! (#)
MARCO	Va bene, va bene. Ho capito. (#) Vuoi andare al mare. (#) Telefono a Luca ora per vedere se sono liberi e se vogliono venire con noi. (#)

Now close your text. The conversation will be read a second time with pauses. Listen carefully and repeat what you hear, imitating the speakers' intonation and pronunciation.

D. Le commissioni in centro. Read along by opening your text to page 120. The conversation will be read without pauses. Listen to the **Incontro,** paying close attention to the speakers' intonation and pronunciation.

STEFANIA	Ciao, Ale! Ti aspettavo vicino al duomo! (#)
ALESSANDRA	Scusa, sono in ritardo! (#) Sono andata in banca—ero senza soldi! (#)
STEFANIA	Allora, dove andiamo stamattina? (#)
ALESSANDRA	Devo fare delle commissioni: (#) devo spedire una cartolina all'ufficio postale e ho bisogno di francobolli. (#) Poi voglio comprare il giornale. (#) Tu, cosa devi fare? (#)
STEFANIA	Anch'io ho da fare. (#) Per prima cosa, voglio comprare i biglietti per il treno per Palermo. (#) E poi, vorrei vedere un certo negozio. (#) Ma prima, beviamo un caffè. (#) C'è un bel bar qui all'angolo. Ti offro io! (#)
ALESSANDRA	Ben volentieri! (#)

Copyright © Houghton Mifflin Company. All rights reserved.

Dopo al bar.

ALESSANDRA	Che buono, quel caffè! Grazie! (#)
STEFANIA	Prego! Guarda, puoi imbucare la tua lettera qui (#)—c'è una buca delle lettere. (#)
ALESSANDRA	Preferisco spedire le mie lettere direttamente dall'ufficio postale. (#)
STEFANIA	Se tu insisti. Ah, ecco un'edicola. (#) Possiamo prendere il giornale. (#) Compriamo anche *Il Corriere dello Sport* per i ragazzi? (#)
ALESSANDRA	Va bene. E le nostre commissioni sono quasi finite. (#) Ma Stefania, quale negozio vuoi vedere? (#)
STEFANIA	La Casa della Sposa! (#)

Now close your text. The conversation will be read a second time with pauses. Listen carefully and repeat what you hear, imitating the speakers' intonation and pronunciation.

PER LA PRONUNCIA

Diphthongs and triphthongs

When a syllable contains two vowels, it is called a diphthong; a syllable with three vowels is a triphthong. These vowels do not combine to produce a single unique sound; instead, each is pronounced separately.

A. Ad alta voce! Listen and repeat each word after the speaker. Be careful to pronounce each vowel.

Paolo (#)	Laura (#)	aula (#)	autore (#)	automobile (#)
aereo (#)	mai (#)	fai (#)	dai (#)	aiuto (#)
buono (#)	uomo (#)	uovo (#)	fuoco (#)	scuola (#)
suocero (#)				

The following words do not contain diphthongs or tripthongs because the consecutive vowels belong to different syllables. Listen and repeat each word after the speaker.

poi (#)	suoi (#)	vuoi (#)	vuole (#)	
Siena (#)	fieno (#)	diamo (#)	zio (#)	Dio (#)
paura (#)	paese (#)			

B. I possessivi. Listen and repeat each pair of possessive words after the speaker. Then mark the words containing a diphthong with a **D** and those with a triphthong with a **T.**

i miei (#)	le mie (#)
i tuoi (#)	le tue (#)
i suoi (#)	le sue (#)

 Copyright © Houghton Mifflin Company. All rights reserved.

C. Che cosa senti? Read the following pairs of words in your lab manual, then listen carefully to the speaker and circle the word you hear.

1. pieno (#)
2. miei (#)
3. viene (#)
4. sono (#)
5. sei (#)
6. po' (#)
7. nera (#)
8. fiore (#)

D. Dittonghi, sì o no? Listen and repeat each word after the speaker. Write **D** on the line provided if the word contains a diphthong.

1. buono (#)
2. bene (#)
3. zie (#)
4. mela (#)
5. auto (#)
6. bici (#)
7. viene (#)
8. buio (#)

ATTIVITÀ PER LA COMPRENSIONE

E. Come? Quando? Listen to the following answers to questions. Then write the appropriate question in your lab manual.

1. Mi chiamo Giorgio. (#)
2. Ho diciannove anni. (#)
3. Sono di Pescara. (#)
4. Sto benissimo, grazie. (#)
5. Costa dodicimila lire. (#)
6. È mezzogiorno e mezzo. (#)
7. Oggi è il quattro novembre. (#)
8. 42. 38. 77 (#)

F. Devo, ma non voglio. Gabriella and Bruno are discussing what they have to do and what they want to do this evening. Listen to their conversation carefully. Then for each activity listed in your lab manual write a **G** for Gabriella or a **B** for Bruno in the appropriate column, depending on what each person has to do or wants to do. Read the list of activities before you begin.

GABRIELLA Bruno, cosa vuoi fare stasera?
BRUNO Voglio andare al cinema. Puoi venire?
GABRIELLA No, non posso. Devo studiare per un esame venerdì.
BRUNO Che peccato! Io voglio finire questo libro, allora studiamo insieme.
GABRIELLA D'accordo. Però prima devo andare in centro.
BRUNO Va bene—anch'io devo fare delle commissioni. Devo spedire un pacco all'ufficio postale.
GABRIELLA E io voglio comprare un bel regalo per mia cugina. Si sposa tra una settimana.

Copyright © Houghton Mifflin Company. All rights reserved.

G. Le previsioni del tempo. Listen to this weekend's weather forecast. Then jot down what the weather will be like for each place listed in your lab manual. Before you listen to the forecast, read the list of places.

Nevica nella Val d'Aosta, e la temperatura è bassa, solo tre gradi.

Nel Veneto e in tutta la val Padana, piove. La temperatura è a dieci gradi.

È nuvoloso a Roma e nelle regioni del centro. Questo weekend non vedranno il sole. La temperatura è a quindici gradi.

A Napoli e nel centro d'Italia, sole per tutto il weekend. Ci sono diciassette gradi.

Sulle isole, in particolare in Sicilia, c'è molto vento. Diciotto gradi.

Now rewind the tape and listen to the forecast again, adding the temperature for each place.

H. L'albero di famiglia. Look at the drawing of Dario Alfieri's family tree. As you listen to Dario talk about his family, write the missing names in the chart. Don't worry if you don't understand every word; just concentrate on completing the tree. You may want to listen to Dario's description more than once.

DARIO Ho una famiglia meravigliosa! Mio padre, Filippo, lavora in banca, e mia madre, Alicia, è insegnante in un liceo qui a Siracusa. Tre anni fa mia sorella Rosa ha sposato Gigi e ora hanno un bel bambino, Pino, che è mio nipote. Tutti dicono che Pino assomiglia a nostro nonno, Gianni. I miei nonni, Gianni e Maria, sono sposati da quarantacinque anni! Ho anche un fratello, si chiama Maurizio. È sposato con Patrizia e hanno una figlia, Barbara, che è l'altra mia nipote!

I. Cercasi appartamento. Claudia wants to rent an apartment. She has seen an ad in the paper and calls to find out more about the apartment. Listen to Claudia's conversation with the apartment manager and complete her notes in your lab manual.

CLAUDIA Pronto?
SIGNORE Pronto.
CLAUDIA Chiamo per l'appartamento in Via Roma.
SIGNORE Mi dica, signorina. Cosa vuole sapere?
CLAUDIA Quante stanze ci sono?
SIGNORE Sono quattro stanze: c'è un bel soggiorno grande in cui si può anche mangiare.
CLAUDIA C'è una sala da pranzo anche?
SIGNORE No, signorina, mi dispiace, non c'è.
CLAUDIA Quante camere da letto ci sono?
SIGNORE Due camere da letto. E ci sono due bei bagni.
CLAUDIA Ah, due bagni? E la cucina, com'è?
SIGNORE La cucina è grande, spaziosa, e c'è una bella terrazza.
CLAUDIA Benissimo. A quale piano è l'appartamento?
SIGNORE È al terzo piano, signorina.
CLAUDIA E l'affitto ... quanto è?
SIGNORE Ottocentomila lire al mese, signorina.
CLAUDIA Va bene. Posso venire a vederlo?

 Copyright © Houghton Mifflin Company. All rights reserved.

SIGNORE	Certo, signorina. Se vuole, può venire domani pomeriggio alle tre.
CLAUDIA	Va bene. Grazie.
SIGNORE	Buongiorno, signorina. A domani.

End of Unità 3.

Copyright © Houghton Mifflin Company. All rights reserved.

Unità 4

INCONTRI

A. Una mattinata al mercato. Read along by opening your text to pages 132–133. The conversation will be read without pauses. Listen to the **Incontro,** paying close attention to the speakers' intonation and pronunciation.

MIRELLA	Ciao, Carolina, dove sei stata? (#)
CAROLINA	Sono uscita molto presto. (#) Sono andata al mercato all'aperto. (#)
MIRELLA	Perfetto! Ho fame! Che cosa hai preso? (#)
CAROLINA	Delle banane, un melone fresco fresco e delle ciliegie. (#)
MIRELLA	Non hai comprato le fragole? (#)
CAROLINA	No, perché? Ti piacciono? (#)
MIRELLA	Come no! Moltissimo! E sono di stagione! (#)
CAROLINA	Se vuoi, esco di nuovo... (#)
MIRELLA	No, va bene. (#) Oggi le cerco dal fruttivendolo in Via Mazzini. (#)
CAROLINA	Ma che dormigliona che sei stamattina! (#)
MIRELLA	Sono tornata tardissimo ieri notte! (#) Ma mi sono divertita molto. (#) Sono andata a casa di Michele. Anche Silvia è venuta. (#) Poi siamo andati al cinema in Borgo Bigordi. (#)
CAROLINA	Quale film avete visto? (#)
MIRELLA	Un film di Tornatore. (#)
CAROLINA	Che bello! È venuto anche Pino? (#)
MIRELLA	Pino? No, perché? (#)
CAROLINA	Perché ha telefonato qui alle 7.30 (#) e io ho detto che eri fuori con amici. (#)
MIRELLA	Oh, no! (#)

Now close your text. The conversation will be read a second time with pauses. Listen carefully and repeat what you hear, imitating the speakers' intonation and pronunciation.

B. I ragazzi preparano una cena. Read along by opening your text to page 143. The conversation will be read without pauses. Listen to the **Incontro,** paying close attention to the speakers' intonation and pronunciation.

PINO	Sbrighiamoci! (#) Vorrei comprare delle cose per la cena e tra poco i negozi chiudono. (#)
MICHELE	D'accordo! (#) Se non facciamo in tempo, possiamo andare al mercato (#) che è aperto fino all'una e mezzo. (#) C'è una bancarella che fa sconti incredibili! (#) Ma sei sicuro che Mirella e Carolina vengono a casa nostra stasera? (#)
PINO	Come no! Certo! (#) È il compleanno di Mirella proprio oggi! (#) Senti, devo passare poi in profumeria (#)—voglio prendere un regalo per lei. (#)
MICHELE	Sei esagerato! Allora, cosa prepari per la cena? (#)
PINO	La Mirella è vegetariana, (#) quindi faccio la mia specialità—gli spaghetti primavera! (#) Allora, compro i pomodori qui. (#) Costano solo tremilacinquecento lire al chilo. (#)
MICHELE	Bene. Quanti ne compri? (#)
PINO	Tre chili. (#)
MICHELE	Tre chili?! Ma non sono troppi? (#)
PINO	Ma no!... Mamma mia! Sono senza una lira! (#) Ho solo degli spiccioli. (#) Magari accettano carte di credito! (#)

 Copyright © Houghton Mifflin Company. All rights reserved.

MICHELE	Figurati! Ho del denaro io. (#) Ecco—ti presto ventimila lire. (#) Ma mi raccomando, devi restituirmi i soldi perché... (#)
PINO	Grazie, Michele! Sei un vero amico. (#) Eh, guarda che belle fragole! Ne prendo un chilo. (#)
MICHELE	Un chilo di fragole! Ma quanto costano? (#)
PINO	Dai, Michele, non facciamo i tirchi! (#) Le fragole piacciono tanto a Mirella. (#)
MICHELE	Fare i tirchi? Capirai! (#) Con i miei soldi poi! (#)

Now close your text. The conversation will be read a second time with pauses. Listen carefully and repeat what you hear, imitating the speakers' intonation and pronunciation.

C. Facciamo due passi! Read along by opening your text to pages 151–152. The conversation will be read without pauses. Listen to the **Incontro,** paying close attention to the speakers' intonation and pronunciation.

COMMESSA	Buongiorno, signore. Desidera? (#)
PINO	Buongiorno. Vorrei un profumo. (#)
COMMESSA	Quale, signore? Ho qui due marche. (#) Sono di ottima qualità e c'è anche lo sconto. (#)
PINO	Non lo so. Che ne dici, Michele? (#) Quale profumo ti piace di più? (#)
MICHELE	Io sono per questo di Fendi, (#) ma non so quale piace a Mirella. (#) Mentre siamo qui, ho bisogno del sapone e dello shampoo. (#)
COMMESSA	Ecco. Questi prodotti della linea Perlier sono ottimi. (#) Li conosce? (#)
MICHELE	Li conosco, sì. Quanto viene lo shampoo? (#)
COMMESSA	Diecimilacinquecento lire. (#) Se no, abbiamo questa confezione in offerta. (#) Include anche il bagnoschiuma. (#) Viene diciottomilacinquecento lire in tutto. (#)
MICHELE	Va bene, è un buon affare. E tu, Pino? (#)
PINO	Prendo il profumo di Fendi. (#) Quanto spendiamo in tutto? (#)
MICHELE	Spendiamo?! (#)
COMMESSA	Vediamo, sono diciottomilacinquecento lire, (#) più il profumo, fa sessantatremila lire, prego! (#) Faccio il pacchetto regalo? (#)
PINO	Sì, per piacere. *(A Michele)* Abbiamo fatto un affare! (#)
MICHELE	Anzi, l'affare l'hai fatto tu! (#)
PINO	E ora, che ne dici di passare dalla cartoleria in Via Garibaldi... (#) è a due passi da qui. (#)
MICHELE	Che cosa devi comprare ora? (#)
PINO	Un biglietto di auguri per Mirella! (#)

Now close your text. The conversation will be read a second time with pauses. Listen carefully and repeat what you hear, imitating the speakers' intonation and pronunciation.

D. Che sorpresa. Read along by opening your text to page 160. The conversation will be read without pauses. Listen to the **Incontro,** paying close attention to the speakers' intonation and pronunciation.

CAROLINA	Visto che oggi è il tuo compleanno, facciamo due passi in centro, (#) e poi ti porto a prendere un gelato, va bene? (#)
MIRELLA	Sì sì. Ho anche delle commissioni da fare. (#) Vorrei comprare una nuova agenda e un quaderno in cartoleria. (#) Andiamo! (#)

Copyright © Houghton Mifflin Company. All rights reserved.

Per strada.

MIRELLA	Mi è piaciuto molto quel film ieri sera. (#) E Michele—che simpatico! (#)
CAROLINA	Oh, guarda! Ci sono Pino e Michele che entrano nella cartoleria! (#)
MIRELLA	Dove? Eccoli, accipicchia! (#)
CAROLINA	Perché non li salutiamo? (#) Non li vuoi vedere? (#)
MIRELLA	Per carità! Fila! Dai, andiamo! (#)
PINO	Ma guarda chi si vede! (#) Sono proprio loro—Mirella e Carolina! (#) Ciao, Mirella! (#)
MIRELLA	Oh, Pino, salve—che sorpresa! (#) Ciao, Michele, come va? (#)
MICHELE	Ciao, Mirella. Bene. Buon compleanno! (#)
MIRELLA	Grazie. (#)
PINO	Allora, stasera venite a cena da noi? (#)
MIRELLA	Mi dispiace, Pino, non possiamo. (#)
PINO	Ma, come? Vi ho invitate la settimana scorsa! (#)
MIRELLA	Davvero? Non mi ricordo. (#)
PINO	Ti ho telefonato ieri—ma non ti ho trovata. (#)
MIRELLA	Strano, non esco mai. (#)
PINO	Senti, Mirella, io non sono scemo... (#) Noi dobbiamo parlarci chiaro... (#)

Now close your text. The conversation will be read a second time with pauses. Listen carefully and repeat what you hear, imitating the speakers' intonation and pronunciation.

PER LA PRONUNCIA

Vowels

There are five Italian vowels. Listen and repeat: **a** (#) **e** (#) **i** (#) **o** (#) **u** (#). The vowels **a, i,** and **u** do not vary in their pronunciation, but **e** and **o** have both open and closed sounds.

A. Ad alta voce! The following words have an open **o.** Listen and repeat after the speaker.

negozio (#) do (#) dirò (#) uomo (#) uova (#) falò (#)

The following words have a closed **o.** Listen and repeat after the speaker.

voce (#) sogno (#) cotone (#) sono (#) colore (#) nuvoloso (#)

B. Ad alta voce! The following words have an open **e.** Listen and repeat after the speaker.

problema (#) agenda (#) contento (#) dieci (#) caffè (#) è (#)

The following words have a closed **e.** Listen and repeat after the speaker.

perché (#) vedere (#) inglese (#) architetto (#) mese (#) re (#)

 Copyright © Houghton Mifflin Company. All rights reserved.

C. Orecchio alla pronuncia! Listen and repeat each pair of words after the speaker. Note the difference between the open and closed vowel sounds.

	Open	**Closed**
1.	vorrei (#)	perché (#)
2.	tema (#)	tre (#)
3.	tè (#)	te (#)
4.	finestra (#)	francese (#)
5.	chiesa (#)	contessa (#)
6.	bene (#)	bere (#)
7.	è (#)	e (#)

ATTIVITÀ PER LA COMPRENSIONE

D. Che cosa hanno fatto? You will hear five short conversations. Listen to each one and circle the activity in your lab manual that the people in each situation have just finished. Read the list of possible activities before you begin.

1.
MARCO Che bello quel film! Mi è piaciuto molto! Come si chiama l'attore ancora?
ANGELA Ma come, non conosci John Travolta?!

2.
RINA Mamma mia! Che bella partita! Sono stanchissima!
GINO Anch'io! Giochi proprio bene tu! Da quanto tempo giochi a tennis?

3.
SIGNORE Com'è simpatico quel fruttivendolo.
SIGNORA Davvero! E ha sempre frutta e verdura freschissima! Non vedo l'ora di mangiare quei funghi porcini.
SIGNORE E i pomodori maturi!

4.
DAVIDE Ora sono più tranquillo. Non mi piace essere senza una lira!
LUISA Certo che il bancomat è comodo e facile da usare.
DAVIDE Ora che ho i soldi in tasca, andiamo al mercato all'aperto.

5.
VALERIO Senti che profumo! Mi viene appetito!
TERESA Com'è buono il pane fresco dal forno.
VALERIO Vado tutti i giorni in quel forno.

E. In banca. Marco wants to change some money at the Cassa di Risparmio di Spoleto. Listen to his conversation with the bank teller and answer the questions in your lab manual.

MARCO Vorrei cambiare dei soldi per fare un viaggio negli Stati Uniti.
IMPIEGATA Va bene, signore. Ha le lire?
MARCO Sì. Quanto è il dollaro in questo momento?

Copyright © Houghton Mifflin Company. All rights reserved.

IMPIEGATA	Il cambio è a millecinquecentosessanta lire. Quante lire voleva cambiare?
MARCO	Ottocentocinquantamila lire.
IMPIEGATA	Allora, ottocentocinquantamila lire, al cambio di oggi. Lei riceve cinquecentoquarantaquattro dollari e ottantasette centesimi. Con la commissione che prende la banca, Lei riceve cinquecentoquaranta dollari in tutto.
MARCO	Grazie.

F. Presente o passato? Listen to each of the following people talk about their activities. Mark an **X** in the appropriate column in your lab manual, depending on whether the speaker is talking about the present or the past.

1.
ANTONIO — Devo ancora andare all'ufficio postale; mi servono i francobolli perché devo spedire una lettera. Vuoi fare due passi con me?

2.
MICHELE — Ieri sera ho visto Claudio e Paola. Siamo andati in discoteca e abbiamo ballato tutta la notte!

3.
GRAZIA — Non sto bene. Sono molto stanca. Forse rimango ancora a letto e prendo dell'aspirina.

4.
MIRELLA — Ho comprato il nuovo profumo Fendi ieri in profumeria. Ho preso anche un nuovo shampoo.

5.
GIULIA — Sono andata alla cartoleria Il Calamaio e ho trovato un biglietto di auguri stupendo per il compleanno di Giorgio. Ho comprato anche un'agenda nuova.

G. Che hai fatto? Rocco and Alessandra are talking about what they did last weekend. Listen to their conversation and write **R** next to the things Rocco did, and **A** next to what Alessandra did. Read the list of activities before you listen.

ROCCO	Ciao, Alessandra. Hai passato un buon weekend?
ALESSANDRA	Oh sì. Va be', venerdì sera ho lavorato, ma poi sabato ho incontrato degli amici e abbiamo fatto due passi in centro. E tu?
ROCCO	Ho aiutato la mia mamma a pulire la casa—soprattutto la mia camera che era in disordine!
ALESSANDRA	Che bravo che sei! E domenica che hai fatto?
ROCCO	Domenica pomeriggio ho fatto una gita in bicicletta con Carolina e abbiamo preso un gelato in quella gelateria nuova, come si chiama... Festival del gelato!
ALESSANDRA	Che bello! Guarda, purtroppo ho dimenticato i miei libri a casa di Enrico, e così non ho potuto studiare tutto il weekend.
ROCCO	Oh no! Allora non sei preparata per le lezioni! Io invece ho fatto i compiti perché sabato ho studiato in biblioteca con Carolina.

Now turn off the cassette and list three things you did last weekend, using complete sentences.

 Copyright © Houghton Mifflin Company. All rights reserved.

H. Dal fruttivendolo. Listen to the following conversation between a vendor and a customer. Write **sì** or **no** to indicate which products the customer buys and indicate the quantity when appropriate. As you listen, concentrate on the customer's purchases. Read the list of products in your lab manual before you hear the conversation.

SIGNOR NERI	Buongiorno, signora Landolfi. Mi dica.
SIGNORA	Buongiorno. Vorrei delle cipolle.
SIGNOR NERI	Quante, signora?
SIGNORA	Me ne dia mezzo chilo, per piacere. E una melanzana.
SIGNOR NERI	Una sola?
SIGNORA	Sì sì. E dei pomodori.
SIGNOR NERI	Mezzo chilo anche dei pomodori?
SIGNORA	No, ne ho bisogno per un sugo. Ne prendo due chili.
SIGNOR NERI	Ecco, due chili di pomodori. Abbiamo degli ananas freschi freschi.
SIGNORA	Benissimo. Se ne prendo cinque, mi fa anche lo sconto?
SIGNOR NERI	Certo. E guardi queste banane. Sono stupende.
SIGNORA	Ne ho già a casa, ma ne prendo ancora. Me ne dia tre, per piacere.
SIGNOR NERI	Ho preso dei meloni stamattina. Sono una primizia.
SIGNORA	No, il melone no, non lo mangio. Delle carote, invece.
SIGNOR NERI	Quante, signora?
SIGNORA	Ne prendo due.
SIGNOR NERI	Ecco a Lei. Le serve altro?
SIGNORA	No, basta così.

End of Unità 4.

Copyright © Houghton Mifflin Company. All rights reserved.

Unità 5

INCONTRI

A. Colazione al bar. Read along by opening your text to page 172. The conversation will be read without pauses. Listen to the **Incontro,** paying close attention to the speakers' intonation and pronunciation.

ISABELLA	Ciao, Giorgio! (#) Che ne dici di prendere qualcosa insieme? Offro io! (#)
GIORGIO	Ciao, Isa! Va bene, grazie! (#)

Entrano nel bar all'angolo.

ISABELLA	Hai fatto colazione? (#)
GIORGIO	No. Ho sempre poco tempo al mattino. (#)
ISABELLA	Ma un buon caffè ci vuole per iniziare bene la giornata. (#) Ne hai voglia? (#)
GIORGIO	Sì, ma preferisco qualcosa di più fresco. (#) Forse un tè freddo. (#)
ISABELLA	Io invece prendo un cappuccino. (#) Lo fanno molto bene qui (#)—con molta schiuma. (#) Ti va di prendere anche qualcosa da mangiare? (#)
GIORGIO	Perché no? Mi piacciono i pasticcini in questo bar. (#) Prendo un cornetto alla marmellata. (#)
ISABELLA	Io ho una fame da lupi! (#) Mi ordini un panino o un tramezzino al banco (#) mentre vado alla cassa a pagare? (#)
GIORGIO	Ti consiglio un panino al prosciutto crudo. (#) Sono proprio buoni qui... (#)
ISABELLA	Va bene se stiamo in piedi (#) o preferisci andare a quel tavolino? (#)
GIORGIO	Ma scherzi! Mi va benissimo stare al banco (#)—abbiamo fretta, e poi bisogna stare attenti ai soldi. (#) Vai alla cassa, ti aspetto qui. (#)

Alla cassa.

LA CASSIERA	Mi dica, signorina... (#)
ISABELLA	Un tè freddo e un cappuccino, per piacere, (#) e un panino al prosciutto... grazie... (#)
LA CASSIERA	Sono 10.500 lire. (#) Ecco lo scontrino e il resto! (#)
ISABELLA	Grazie. (#) Eccomi di nuovo. (#)
GIORGIO	E il mio cornetto? (#)
ISABELLA	Scusami, Giorgio! Me lo sono dimenticato! (#)

Now close your text. The conversation will be read a second time with pauses. Listen carefully and repeat what you hear, imitating the speakers' intonation and pronunciation.

B. Una cena fra amici. Read along by opening your text to page 181. The conversation will be read without pauses. Listen to the **Incontro,** paying close attention to the speakers' intonation and pronunciation.

SANDRA	Ah, eccoti finalmente! (#)
PIERO	Scusa il ritardo... (#) sai, c'è molto traffico a quest'ora. (#)
SANDRA	Va bene, ma non sono ancora arrivati Giorgio e la sua amica! (#)
CAMERIERE	Buonasera, signori. In quanti siete? (#)
PIERO	Veramente siamo in quattro. (#) Gli altri arrivano fra poco. (#)
CAMERIERE	Benissimo. C'è un tavolo libero vicino alla finestra, (#) con la vista sul mare. (#) Vi va bene? (#) Vi porto subito il menù. (#)

 Copyright © Houghton Mifflin Company. All rights reserved.

SANDRA	Sì, e ci porta anche dell'acqua minerale gasata! (#) Ho tanta sete! (#)
CAMERIERE	Sissignora. Ve la porto subito! (#)
SANDRA	Hai detto a Giorgio il nome della trattoria? (#)
PIERO	Gliel'ho detto, gliel'ho detto! Non ti preoccupare! (#)
SANDRA	Sono curiosa, non conosco la nuova amica di Giorgio. (#)
PIERO	Nemmeno io. (#) Ma me ne ha parlato a lungo l'altro giorno (#)—deve essere una persona davvero speciale! (#)
SANDRA	A me non ha detto niente. (#) Io gli ho chiesto pure... (#)
CAMERIERE	Volete ordinare, signori? (#)
PIERO	Sì, va bene. Cosa c'è di buono stasera? (#)
SANDRA	Piero, dai, vergognati! (#) Aspettiamoli ancora cinque minuti! (#)
PIERO	Ma io ho fame! (*al cameriere*) (#) Scusi, senta, mi può dire che cosa c'è di primo, per favore? (#)
CAMERIERE	Abbiamo le trenette al pesto e gli gnocchi alla bava, cioè col burro, crema e parmigiano. (#) E come secondo vi consiglio gli scampi. (#) Possiamo farli alla griglia, se Le piacciono... (#)
PIERO	Ottimo! (#)
CAMERIERE	E per Lei, signora? (#)
SANDRA	Oh, guarda, sono arrivati i ritardatari. (#) Finalmente! (#)
PIERO	Ha una faccia simpatica la nuova amica di Giorgio... (#)
SANDRA	Ma io la conosco! È Isabella!!! Ciao, Isa!!! (#)

Now close your text. The conversation will be read a second time with pauses. Listen carefully and repeat what you hear, imitating the speakers' intonation and pronunciation.

C. Una cena squisita. Read along by opening your text to page 189. The conversation will be read without pauses. Listen to the **Incontro,** paying close attention to the speakers' intonation and pronunciation.

DANIELE	Allora, tesoro, brindiamo al tuo compleanno! (#)
TERESA	Lo spumante! Che bello! (#) Quanto mi piace mangiare a lume di candela. (#) Che tipo romantico che sei, Daniele! (#)
DANIELE	Si capisce! (#)
TERESA	Che buon profumo qui. Ho l'acquolina in bocca! (#) E hai visto il carrello dei dolci? (#)
DANIELE	Quanto sei golosa tu! Ah, ecco il cameriere. (#)
CAMERIERE	Buonasera, signori. Prego. (#)
DANIELE	Che cosa ci consiglia come antipasto? (#)
CAMERIERE	L'antipasto misto della casa. È tutto pesce ed è freschissimo. (#) E poi, permette? (#) Vi consiglio il risotto ai frutti di mare. (*Sotto voce*) È la ricetta segreta del cuoco! (#)
TERESA	Benissimo. (#)
CAMERIERE	Stasera abbiamo del pesce fresco. Vi possiamo preparare un'orata alla griglia. (#)
TERESA	Ottimo! Adoro il pesce. (#)
DANIELE	Scusi, ma per me un prosciutto e melone, (#) e poi gli spaghetti alla carbonara ed una bistecca alla griglia. (#)
TERESA	Ma, Daniele, siamo qui con la vista del mare e non mangi per niente il pesce! (#)
DANIELE	Io, il pesce, lo odio! (#)
TERESA	Poverino! Mi dispiace. (#)
DANIELE	Fa niente. (#)

Copyright © Houghton Mifflin Company. All rights reserved.

Alla fine della cena.

TERESA	Che cena squisita! (#)
DANIELE	E il tiramisù non lo finisci? (#)
TERESA	Non ce la faccio più! (#)
DANIELE	Ci credo! Hai mangiato tantissimo! E ora, un digestivo ci vuole proprio! (#)
TERESA	Sono senza parole! (#)

Now close your text. The conversation will be read a second time with pauses. Listen carefully and repeat what you hear, imitating the speakers' intonation and pronunciation.

D. Cosa brucia in cucina? Read along by opening your text to page 198. The conversation will be read without pauses. Listen to the **Incontro,** paying close attention to the speakers' intonation and pronunciation.

RENATA	Apparecchi tu la tavola, mentre io taglio i pomodori. (#)
PAOLA	Va bene. Quale tovaglia usiamo? (#)
RENATA	Vediamo, siamo in otto... (#) Perché non usiamo quella blu con i tovaglioli di cotone? Sono più eleganti! (#)
PAOLA	Bene. E le posate—ci servono anche i cucchiai? (#)
RENATA	No, solo i cucchiaini da caffè. (#) Non dimenticare i bicchieri per il vino e l'acqua! (#) Prendi il vassoio di cristallo per la torta e poi lo puoi mettere nella sala da pranzo. (#)
PAOLA	Stasera si prepara veramente una tavola elegante! (#)
RENATA	Certo! È il compleanno di Vittorio! (#)
PAOLA	Quando prepari il sugo per la pasta, voglio vedere quello che fai. (#) Così imparo come si fa. (#)
RENATA	Ma non sai fare gli spaghetti all'amatriciana? (#) È così facile. (#)
PAOLA	Gli spaghetti all'amatriciana sono un po' piccanti, no? (#)
RENATA	Un po'—si usa il peperoncino. (#) Vedi, prima si taglia la cipolla—fine fine. (#) Poi si tagliano anche la pancetta e l'aglio. (#)

Passano dieci minuti.

PAOLA	Che buon profumo! (#)
RENATA	Mettiamo l'acqua per la pasta sul fornello ora. (#) Poi quando arrivano gli amici, buttiamo la pasta e la mangiamo al dente! (#) Senti, Paola, mi prendi l'insalata dal frigo perché dobbiamo condirla. (#)
PAOLA	Uso sempre l'olio d'oliva e l'aceto balsamico. (#)
RENATA	Allora, sai preparare qualcosa! (#)
PAOLA	L'insalata! Capirai! (#)

Gli amici arrivano. Renata e Paola li salutano. Poco dopo...

RENATA	È pronto! Tutti a tavola! Si mangia! (#)
TUTTI	Alla salute della cuoca! Buon appetito! (#)
RENATA	Altrettanto! (#)
PAOLA	Renata, sento odore di bruciato... (#)
RENATA	Oh, no! La mia torta! Aiuto!! (#)

Now close your text. The conversation will be read a second time with pauses. Listen carefully and repeat what you hear, imitating the speakers' intonation and pronunciation.

 Copyright © Houghton Mifflin Company. All rights reserved.

PER LA PRONUNCIA

The sounds s, ss, and z

In Italian, when the letter **s** is between two vowels, it is pronounced like the letter *z* in English, as in *rose, noisy,* or *Pisa.* The letter **z** in Italian is pronounced like the English *z* in *Mozart* or *pizza.* A double **s** is pronounced like the *s* sound in *mess.*

A. Ad alta voce! Listen and repeat each word after the speaker.

grazie (#)	zucchero (#)	zero (#)	mezzogiorno (#)	piazza (#)
zuppa (#)	preparazione (#)	pizza (#)	servizio (#)	palazzo (#)

B. Ad alta voce! Listen and repeat each word after the speaker.

posso (#)	cassiera (#)	passeggiata (#)	professoressa (#)	tasse (#)
casa (#)	isola (#)	mese (#)	brindisi (#)	vaso (#)
crisi (#)				

C. Che cosa senti? Read the following pairs of words. Then listen carefully to the speaker and circle in your lab manual the word you hear.

1. Pisa (#)
2. rossa (#)
3. cozze (#)
4. naso (#)
5. pazzo (#)
6. riso (#)
7. compressa (#)
8. prezzi (#)

ATTIVITÀ PER LA COMPRENSIONE

D. Al ristorante. Mr. and Mrs. Volpe and their son Giuseppe are eating in a trattoria. Listen to their conversation with the waitress and put a check mark in the appropriate box to indicate what each person orders. You may want to listen to the dialogue more than once.

CAMERIERA Buonasera, signori. Desiderano?
PADRE Buonasera. Allora, mia moglie prende le lasagne al forno. Io invece prendo gli gnocchi. E tu, Giuseppe?
GIUSEPPE Vorrei gli spaghetti alle vongole.
CAMERIERA D'accordo. E come secondo?
MADRE Io prendo gli scampi alla griglia.
GIUSEPPE Anch'io.
PADRE E per me un filetto al pepe verde.
CAMERIERA Volete dei contorni? Un po' di insalata mista?
MADRE Sì, per me l'insalata va bene.
PADRE Io invece prendo delle patate fritte. Giuseppe, vuoi qualcosa?
GIUSEPPE No, non prendo un contorno. Preferisco mangiare un dolce—il gelato!
MADRE Io prendo il tiramisù.
CAMERIERA E per Lei, signore?
PADRE Aspetto. Magari dopo.

Copyright © Houghton Mifflin Company. All rights reserved.

E. Attenti alla linea! Matteo is trying to lose weight, so he consults Dr. Pipino, a famous dietician. First, stop the tape and write three things you think Dr. Pipino will advise Matteo not to eat.

Now listen to Dr. Pipino's advice and write in your lab manual the items he advises Matteo not to eat or drink and the items he can eat and drink. You may want to listen to the doctor's orders more than once!

DOTTOR PIPINO Mi dispiace, Matteo, ma devi proprio fare una dieta se vuoi perdere dieci chili. Prima di tutto, non puoi mangiare la pasta. Devi mangiare la verdura, come per esempio l'insalata. Non devi mangiare le patate. Con la frutta bisogna stare attento—va bene il melone e l'uva, ma non devi mangiare le banane. E mi raccomando, non bere il vino! Devi bere solo l'acqua o il caffè. Non puoi bere il latte, che fa ingrassare. Come dolce, allora, figurati—niente. So che ti piace il gelato, ma non lo puoi mangiare, mi dispiace. Se devi mangiare qualcosa di dolce, mangia un sorbetto.

F. Al bar dell'angolo. You are the cashier in a bar. Three customers are waiting at the register to order and pay. Listen to what each person orders and write the price for each item in your lab manual. Then total each check.

1.
GIANNA Vorrei un cappuccino e una brioche. Quanto è? (#)

2.
ROBERTO Pago un caffè, un'acqua minerale e due tramezzini. (#)

3.
ELISA Un aperitivo, un tè alla pesca e un panino al prosciutto, per piacere. (#)

G. Che belle nozze! Michele and Anna are getting married in a month and have already received many gifts. Their friend Alberto wants to send them a present, so he asks them what they have already received. Read the list of possible gifts in your lab manual and then listen carefully to their conversation. Mark an **X** next to the items they have already received.

ALBERTO Ciao, Anna.
ANNA Ciao, Alberto!
ALBERTO Senti, sono proprio contento che tu e Michele vi sposiate. Domani vado a comprare un regalo per il vostro matrimonio. Avete già ricevuto le posate?
ANNA Sì sì. E anche i piatti e i bicchieri di cristallo.
ALBERTO Magari le tazze per il caffè ti servono ancora?
ANNA No, anche quelle abbiamo ricevuto. Se vuoi, non abbiamo ancora una tovaglia. O le pentole! Non abbiamo nemmeno una pentola!
ALBERTO Volevo prendervi qualcosa di più carino. Forse un vassoio di cristallo.
ANNA Ne abbiamo già due! E non pensare ad un vaso per fiori, che ne abbiamo almeno tre!
ALBERTO Un bel candelabro di cristallo, allora.
ANNA Che bello, sì! Non abbiamo nessun candelabro. O se vuoi, una lavastoviglie non sarebbe male!
ALBERTO Figurati!

 Copyright © Houghton Mifflin Company. All rights reserved.

H. Bobo il buongustaio. Bobo is the host of a successful radio program that offers cooking advice and recipes. Read the list of steps for preparing spaghetti alla carbonara. Then listen to Bobo's program and put the steps in order, numbering them from one to seven. On the lines provided, write two pieces of advice Bobo offers about cooking. You may have to listen to the program twice.

BOBO Oggi facciamo un piatto tipico e molto facile—gli spaghetti alla carbonara! Non dimenticare di cuocere bene ma non troppo gli spaghetti! Gli spaghetti vanno mangiati al dente, non stracotti! Allora, per prima cosa si taglia la pancetta, mi raccomando non troppo fine. Poi si grattuggia il parmigiano. Un consiglio, cari ascoltatori: comprare del buon parmigiano, che dà sapore al piatto! Terzo: si sbattono quattro uova. Di nuovo, vi consiglio di prendere delle uova fresche fresche, perché come sapete, non si cuociono le uova per gli spaghetti alla carbonara! Poi, si preparano gli spaghetti. Un consiglio: far bollire prima l'acqua, poi si aggiunge il sale all'acqua bollente e poi si mette la pasta. Quando sono cotti gli spaghetti, si mescola tutto: uova, parmigiano, pancetta e spaghetti cotti nella pentola calda per la cottura degli spaghetti. Si aggiunge del pepe nero, e si è pronti a mangiare un bel piatto di spaghetti alla carbonara!

End of Unità 5.

Copyright © Houghton Mifflin Company. All rights reserved.

Unità 6

INCONTRI

A. Erano altri tempi! Read along by opening your text to pages 210–211. The conversation will be read without pauses. Listen to the **Incontro,** paying close attention to the speakers' intonation and pronunciation.

ALESSANDRA	Nonna, sta piovendo e non ho niente da fare! Che barba! (#)
LA NONNA	Quando ero giovane, non mi annoiavo mica, cara. (#) Avevo sempre tante cose da fare. (#)
ALESSANDRA	Cosa facevi, nonna? Avevi un hobby, tu? (#)
LA NONNA	Io, un hobby? (#) No, ma per passare il tempo giocavo a dama o a scacchi con le mie amiche. (#) Tuo nonno invece era un uomo sportivo—un grande cacciatore. (#)
ALESSANDRA	La caccia! Che orrore! (#)
LA NONNA	E mio fratello, lo zio Angelo, era un bravo pescatore. (#) Andava a pesca qui vicino, quando l'acqua era ancora pulita. (#)
ALESSANDRA	Ma pensa! (#)
LA NONNA	Però, erano altri tempi! Ci divertivamo tanto con cose semplici. (#) Ad esempio, tua zia Giulia suonava benissimo il pianoforte. E noi cantavamo! (#)
ALESSANDRA	E mio padre, quando era ragazzino, aveva anche lui un hobby? (#)
LA NONNA	Tuo padre, ma certo! Disegnava molto bene. (#) E tuo zio Luigi faceva fotografie. Era molto bravo! (#) Sai che hanno organizzato una mostra delle sue foto in una galleria a Venezia? (#)
ALESSANDRA	Caspita! Davvero? (#)
LA NONNA	Sì sì. È così che tuo padre ha conosciuto tua madre. (#)
ALESSANDRA	Dici sul serio? (#)
LA NONNA	Certo, perché anche a tua madre piaceva l'arte. (#) Conosceva bene il proprietario della galleria e ha conosciuto tuo padre alla mostra di fotografie dello zio Luigi. (#)
ALESSANDRA	Che bella storia! Chissà se riesco a trovare un hobby anch'io. (#) Magari la fotografia come lo zio Luigi. (#)
LA NONNA	E perché no? Vediamo... (#) penso di avere ancora la sua prima macchina fotografica in cantina. (#) È ormai un pezzo di antiquariato... ma se la vuoi, è tua! (#)

Now close your text. The conversation will be read a second time with pauses. Listen carefully and repeat what you hear, imitating the speakers' intonation and pronunciation.

B. Una partita di pallone. Read along by opening your text to page 219. The conversation will be read without pauses. Listen to the **Incontro,** paying close attention to the speakers' intonation and pronunciation.

BENEDETTA	Forza, Padova! (#)
FEDERICO	La nostra squadra perde sempre! Fa pena. (#)
VITTORIO	La *tua* squadra, caro. Io tifo per la Juve. (#)
BENEDETTA	Ma noi siamo di Padova, così dobbiamo tifare per la squadra della nostra città, anche se è in Serie B. (#) Certo, oggi ha ragione, Federico, fa pena. (#)
VITTORIO	Che ne sai, tu? Non te ne intendi mica di pallone. (#)

 Copyright © Houghton Mifflin Company. All rights reserved.

BENEDETTA	Non è vero. Sono molto sportiva. (#) L'altro giorno ero in palestra e facevo ginnastica... (#)
VITTORIO	(*ridendo*) Appunto! (#)
BENEDETTA	Sciocco! Come stavo dicendo... (#) Lì ho visto degli atleti della nostra squadra che si allenavano. (#)
VITTORIO	In palestra? Ma non dovevano essere sul campo? (#)
FEDERICO	Gol! Punteggio: tre a zero per il Cremona! (#) Mamma mia, che disastro! (#)
BENEDETTA	Ma i nostri giocatori sono dei bravi atleti, dai! (#)
VITTORIO	Eh, si vede! Saranno gli arbitri magari che non vedono bene? (#)
FEDERICO	Porca miseria! Non ne posso più! (#) Io cambio sport (#) ... o almeno squadra! (#)

Now close your text. The conversation will be read a second time with pauses. Listen carefully and repeat what you hear, imitating the speakers' intonation and pronunciation.

C. Una passeggiata in montagna. Read along by opening your text to pages 227–228. The conversation will be read without pauses. Listen to the **Incontro,** paying close attention to the speakers' intonation and pronunciation.

PAOLA	Chissà se farà bello oggi? (#) Il cielo è pieno di nuvole. (#) Secondo me, conviene andare in centro a vedere un po' le vetrine. (#)
ALESSANDRO	Ma no! Sono sicuro che non pioverà. (#) Fra poco le nuvole andranno via. (#)
GUIDO	Dove vogliamo andare? Paola, scegli tu il percorso per la nostra passeggiata di oggi. (#)
PAOLA	Allora, il percorso da fare è Corso Italia, cioè la via principale del centro. (#) È un'isola pedonale, e ci sono tanti negozi carini. (#)
GUIDO	Dai, Paola! Siamo venuti in montagna a respirare aria fresca e tu vuoi fare la passeggiata in centro! (#) Su, andiamo! Potremo arrivare fino in cima a quel monte. (#) Da lassù vedremo un tramonto fantastico e le rocce diventeranno tutte rosse. (#)
PAOLA	Stai scherzando? Dobbiamo scalare fino lassù? (#) E solo per vedere un tramonto! (#)
GUIDO	Paola, vedrai, sarà uno spettacolo indimenticabile! (#) Però sarà bene portare anche una giacca a vento, non si sa mai. (#) Che ne dici, Alessandro? (#)
ALESSANDRO	D'accordo! Andiamo! (#)

Qualche ora più tardi.

ALESSANDRO	Che panorama fantastico! Conosco un posto qui vicino: il rifugio "Belvedere." (#) Per arrivare lì, dovremo andare a destra, lungo il bosco. (#) Poi troveremo un sentiero in mezzo agli alberi. (#)
GUIDO	Sono stanco! Non ne posso più di camminare! (#)
PAOLA	Forza, Guido! Non fare tante storie! (#) Non volevi respirare aria fresca? E allora... (#)
ALESSANDRO	Ehi, ragazzi, guardate! Il cielo è coperto. (#) Lassù ci sono molte nuvole: verrà il temporale! (#)
PAOLA	Lo sapevo io! Domani andrò in paese a fare una bella passeggiata e a vedere le vetrine! (#) Anzi, inviterò Francesca e Vittoria, così sarà davvero divertente. (#) E voi potrete fare una bella passeggiata nel bosco ... da soli! (#)

Now close your text. The conversation will be read a second time with pauses. Listen carefully and repeat what you hear, imitating the speakers' intonation and pronunciation.

Copyright © Houghton Mifflin Company. All rights reserved.

D. Una telefonata. Read along by opening your text to pages 234–235. The conversation will be read without pauses. Listen to the **Incontro,** paying close attention to the speakers' intonation and pronunciation.

ORNELLA	Pronto? Ciao, Paola! Allora, come vanno le tue vacanze? (#)
PAOLA	Pronto! Ciao, Ornella! Sono felice di sentirti! (#) Io sto bene... come vanno le cose da te? (#)
ORNELLA	Qui da noi c'è un tempo stupendo. (#) Il mare è pulito e calmo e io ho preso molto sole. (#) A me piace molto la spiaggia e Gianluca va in barca a vela tutti i giorni. (#)
PAOLA	Beata te! A Cortina sta diluviando, tanto per cambiare! (#) Guido e Alessandro stanno facendo il bagno nella piscina coperta. (#) Più tardi andrò con loro al cinema. (#)
ORNELLA	Che brutto tempo! Mi dispiace per voi. (#) Com'è il campeggio? Vi piace? (#)
PAOLA	Il campeggio è davvero bello. Il panorama davanti a noi è incredibile: le Dolomiti, le valli, i prati! (#) Vicino a noi c'è la tenda di un ragazzo americano. È molto carino e anche simpatico. (#) Quando ci vedremo, ti racconterò tutto di lui. (#)
ORNELLA	Roba da matti! Sei in vacanza con due ragazzi, ma con questo ragazzo americano subito li dimentichi! (#)
PAOLA	Ma dai, Guido è mio fratello e conosco Alessandro da anni! E tu, invece, chi hai incontrato? (#)
ORNELLA	Ma Paola, sai benissimo che sono venuta qui con Gianluca! (#) Mentre lui va in barca, io leggo un libro sotto l'ombrellone, prendo il sole sulla spiaggia e faccio il bagno in piscina. (#) Ho conosciuto il bagnino—un ragazzo molto simpatico. (#)
PAOLA	Eh, allora... (#)
ORNELLA	Quando ci vediamo avremo tante cose da raccontarci.... (#)

Now close your text. The conversation will be read a second time with pauses. Listen carefully and repeat what you hear, imitating the speakers' intonation and pronunciation.

PER LA PRONUNCIA

The sounds r and rr

In Italian, the letter **r** is rolled. This sound is produced by fluttering the tip of the tongue on the ridge behind the upper teeth. If the **r** is doubled, the rolling sound is sustained longer. When an **r** is preceded by another consonant, like **t** or **d,** that consonant is pronounced separately before the **r** is rolled.

A. Ad alta voce! Listen and repeat each word after the speaker, paying close attention to the pronunciation of the **r** sounds.

rosa (#)	ristorante (#)	radio (#)	remare (#)	rilassante (#)
futuro (#)	vero (#)	mangerò (#)	pera (#)	ora (#)
birra (#)	carriera (#)	arrivare (#)	berrò (#)	verrò (#)

B. Orecchio alla pronuncia! Listen and repeat each word after the speaker.

trattoria (#)	tragedia (#)	treno (#)	trentatré (#)	dritto (#)
mezzadra (#)	preferirei (#)	problema (#)	abbronzare (#)	brutto (#)

 Copyright © Houghton Mifflin Company. All rights reserved.

ATTIVITÀ PER LA COMPRENSIONE

C. L'intervista. Lulu Saccobellezza is a tabloid reporter, who is interviewing the famous actor Totò Belli. Read the list of activities in your lab manual. Then listen to the interview and cross out those activities that the actor does *not* do in his spare time. Also add the two activities missing from Lulu's list. You may want to listen to the interview more than once.

LULU Allora, Totò, vogliamo tutti sapere della tua vita privata! Raccontaci qualcosa. Cosa fai di bello il weekend?

TOTÒ Sono un uomo di gusti semplici. Mi piace andare in barca a vela, per prendere il sole. La sera vedo la televisione con i miei bambini.

LULU Totò! Non dire bugie! Vai in discoteca? Magari esci con amici e vai nei ristoranti eleganti.

TOTÒ No, no! Qualche volta vado a vedere una mostra in un museo. Oppure suono il pianoforte e i miei bambini cantano.

LULU Ma Totò! Così domestico? Vai spesso al cinema?

TOTÒ Mai! Non mi piace vedere film—li faccio, recito, ma non vado mai al cinema!

LULU Sei tifoso di calcio almeno? Vai la domenica a vedere la partita allo stadio?

TOTÒ Confesso, non sono per niente sportivo! Non mi interessa minimamente. No, non faccio il tifo per nessuna squadra. Ma mia moglie invece...

LULU Oh, Totò!!

D. Il campeggio. Riccardo and Chicca are going camping, but they can't seem to agree on what supplies they should take! Read the list of items in your lab manual, then listen to their conversation. Mark an **X** in the appropriate column to indicate whether or not they decide to take the object.

RICCARDO Chicca, secondo me dobbiamo portare una bussola con noi in montagna. Non conosco bene i sentieri e forse ci serve.

CHICCA Ma no! Non essere scemo! Non è necessario. Io invece conosco bene queste montagne.

RICCARDO Allora, almeno la cartina della zona...

CHICCA No, non è necessaria la cartina! Ti dico: conosco bene queste montagne. Invece è proprio necessario portare una bella bottiglia di acqua e un coltello.

RICCARDO D'accordo. Aspetta, un coltello!?! Non sarà pericoloso? No, no. Niente coltello.

CHICCA Hai paura? Mah! Tu porti il binocolo?

RICCARDO Sì sì. Così vedremo benissimo il panorama mentre camminiamo. E la macchina fotografica, la porti?

CHICCA Porca miseria! La mia non funziona, e la tua non ce l'hai? Ma portiamo una giacca a vento!

RICCARDO Certo! Con il tempo in montagna non si sa mai...

E. I singhiozzi. Alfredo is talking to his friend Claudia on the phone, but he has the hiccups and cannot finish his sentences. Listen to their conversation and choose the word that properly completes each of Alfredo's sentences. Number the words consecutively from 1 to 4.

ALFREDO Pronto? Ciao, Claudia come (*hiccup*)... ?

CLAUDIA Bene, ma Alfredo, hai i singhiozzi!

ALFREDO Sì. Senti, alla galleria d'arte c'è una bella mostra di (*hiccup*)...

CLAUDIA Ah, sì! Sono quelle di Giacometti! Andiamo a vederla! E oggi che hai fatto?

ALFREDO Pioveva tanto, così sono stato a casa e ho giocato a (*hiccup*)...

Copyright © Houghton Mifflin Company. All rights reserved.

CLAUDIA	Una giornata tranquilla, insomma. Hai visto la partita di pallone ieri? Juventus ha vinto tre a zero!
ALFREDO	Era bellissima! La domenica guardo sempre il (*hiccup*)...

F. Abbiamo tutti un hobby! Five students are discussing what they like to do in their spare time. Listen to each person and then draw a line in your lab manual connecting the person's name with his or her favorite activity.

RUGGIERO	Io sono Ruggiero. Mi piace molto il mare, forse perché abito a Genova! Vado spesso in barca a vela—sono proprio un tipo marinaio!
GIULIA	Mi chiamo Giulia. Mi piace molto la musica. Ogni giorno suono la chitarra e canto mentre suono.
VITTORIO	Mi chiamo Vittorio. Sono un tipo artistico. Vorrei diventare architetto, forse perché mi piace molto disegnare. Per ora seguo lezioni di disegno, e un giorno... chissà!
ADRIANA	Io sono Adriana. Anch'io sono un tipo artistico, ma non come Vittorio. Non disegno! Faccio fotografie, in bianco e nero soprattutto ma anche a colori. Mi piace fotografare le persone, specialmente i bambini.
MARCO	Mi chiamo Marco. Sono molto sportivo. Mi piace allenarmi, e vado spesso in palestra a fare ginnastica. Chissà... forse un giorno andrò alle Olimpiadi!

G. Brutto tempo al mare. Listen to the following conversation between Angelo and his friend Patrizia. Then indicate whether the statements in your lab manual are true (T) or false (F).

PATRIZIA	Ciao, Angelo.
ANGELO	Oh Patrizia, ciao! Come va?
PATRIZIA	Male! Sono al mare con i miei genitori e il tempo è bruttissimo! Poi ho perso le chiavi della macchina e non sono potuta uscire per andare al cinema ieri sera.
ANGELO	Che peccato! Invece qui in città è un periodo divertente.
PATRIZIA	Che fai di bello?
ANGELO	Ieri ho fatto una passeggiata con Franco e abbiamo incontrato Luisa e Alessandra. Insieme abbiamo preso un gelato. Poi, la nostra squadra ha vinto ieri, lo sapevi? Così l'anno prossimo giocano in Serie A.
PATRIZIA	Fantastico! Che bella notizia!

H. Una visita a Venezia. Sandro is telling his friend Beppe about his trip to Venice. Read the list of activities in your lab manual and then listen to what he says. Mark an **X** next to the places Sandro saw and the things he did.

SANDRO	Che bel posto romantico, Venezia! Abbiamo visto tantissime cose! Abbiamo visitato la Basilica di San Marco e il Palazzo dei Dogi. È ricchissima la storia di Venezia! Mia madre voleva fare un giro in gondola, ma costava troppo! Così invece abbiamo preso il traghetto e siamo andati al Lido di Venezia. Come eravamo stanchi dopo lunghe giornate! Abbiamo camminato tanto su e giù per le calli di Venezia. Mia madre voleva anche visitare una fabbrica del vetro a Murano ma non c'era tempo! Sarà per un'altra volta. E la sera, mangiavamo sempre specialità venete.

End of Unità 6.

 Copyright © Houghton Mifflin Company. All rights reserved.

Unità 7

INCONTRI

A. Cristina ha l'influenza. Read along by opening your text to page 246. The conversation will be read without pauses. Listen to the **Incontro,** paying close attention to the speakers' intonation and pronunciation.

CRISTINA Ti vedo proprio bene oggi! (#) Ti sta bene quel vestito. (#)

SILVIA Grazie! Ma tu, cara, hai una faccia brutta! (#)

CRISTINA Eh, infatti, non mi sento per niente bene! (#)

SILVIA Che hai? Forse devi andare dal medico. (#)

CRISTINA Prima di tutto, ho mal di schiena. (#) Mentre mi vestivo, avevo i brividi. (#)

SILVIA Non avrai mica l'influenza? (#)

CRISTINA Spero proprio di no! (#) Ieri sono uscita senza il cappotto, e ho preso freddo. (#)

SILVIA Ti sei misurata la temperatura? (#)

CRISTINA No, non ancora. Ma non credo di avere la febbre. (#)

SILVIA Ieri sera non avevi appetito... Hai mal di pancia? (#)

CRISTINA No, no! Però mi fa male la testa. (#)

SILVIA Ti conviene andare dal medico, Cristina. (#) Se vuoi, vado subito in farmacia a prenderti delle medicine. (#)

CRISTINA No, grazie. Finisco di prepararmi e poi vado all'università. (#)

SILVIA Ti ricordi che avevi anche mal di gola ieri? (#) Avrai sicuramente l'influenza! (#)

CRISTINA (*sarcastica*) Grazie, dottoressa Garofalo. (#)

SILVIA Scusami, Cristina. Ma capisci, quando si studia medicina... (#)

CRISTINA ...si ammalano le amiche! (#)

Now close your text. The conversation will be read a second time with pauses. Listen carefully and repeat what you hear, imitating the speakers' intonation and pronunciation.

B. Non so cosa mettermi! Read along by opening your text to page 257. The conversation will be read without pauses. Listen to the **Incontro,** paying close attention to the speakers' intonation and pronunciation.

MARCELLA Cosa ti metti stasera per la festa di Giancarlo? (#)

PATRIZIA Boh! Pensavo di mettermi i jeans e una maglietta. E tu? (#)

MARCELLA Macché, così sportiva? (#) Perché non ti metti qualcosa di più raffinato? (#) Io pensavo di vestirmi elegante; ho un nuovo vestito audace di Moschino (#)—non vedo l'ora di mettermelo. (#)

PATRIZIA Un abito firmato! Capirai! (#) E come credi che si vestiranno i ragazzi? In smoking? (#)

MARCELLA Non fare la scema! (#) È un bel vestito, ma non è così formale. È spiritoso! (#)

PATRIZIA La spiritosa sei tu! (#) Giancarlo ci ha invitato ad un dopocena tra amici, e tu ti vuoi mettere un vestito firmato! (#) Vedrai, gli altri ragazzi saranno meno formali di te, e indosseranno pantaloni, magliette e maglioni. (#) Niente giacca e cravatta, vedrai! (#)

MARCELLA Non mi importa niente di come si vestono gli altri! (#) Ecco! Perché non indossi questa gonna di Valentino? È bellissima! E quella camicetta rosa... (#)

PATRIZIA Marcella, te l'ho detto... sono più sportiva di te. (#) Sarò più semplice nei miei gusti, ma i jeans sono comodi, e mi stanno bene. (#)

MARCELLA Farai una bruttissima figura! (#)

Copyright © Houghton Mifflin Company. All rights reserved.

PATRIZIA	Ma quale brutta figura?! Luca è capace di venire persino in tuta! (#)
MARCELLA	Luca! Ma se non capisce niente di moda! Mentre io... (#)

Now close your text. The conversation will be read a second time with pauses. Listen carefully and repeat what you hear, imitating the speakers' intonation and pronunciation.

C. Nel negozio di abbigliamento. Read along by opening your text to page 267. The conversation will be read without pauses. Listen to the **Incontro,** paying close attention to the speakers' intonation and pronunciation.

COMMESSA	Buongiorno, mi dica! (#)
MICHELE	Buongiorno. Stavo cercando un bel maglione. Vorrei qualcosa di particolare... (#) Mi piacerebbe provare qualcosa di colorato. (#)
COMMESSA	Allora Le mostro le nuove maglie di Missoni: sono splendide! (#) Come saprà, Missoni è uno stilista specializzato nella maglia. (#)
MICHELE	Sì, certo, ma non esageriamo! Costeranno l'ira di Dio! (#)
COMMESSA	Non si preoccupi troppo del prezzo! (#) Proprio in questi giorni ci sono i saldi di fine stagione e tutto è al cinquanta percento di sconto. (#)
MICHELE	Che colpo! Così posso comprarmi qualcosa per sfizio! (#) C'è una cena da amici questo weekend e vorrei fare bella figura. (#)
COMMESSA	Ho capito. Che taglia porta? (#)
MICHELE	La 50. (#)
COMMESSA	Ecco! Se non Le piacciono questi modelli, allora ci sarebbero anche questi maglioni di Versace, (#) oppure questi di Dolce e Gabbana. (#) Se li provi! Venga, Le faccio vedere il camerino di prova. (#)

(*Michele entra e prova il maglione. Esce dal camerino.*)

MICHELE	Allora, mi dica Lei: come sto? (#)
COMMESSA	Sta proprio bene! (#) Volendo, potrebbe abbinare questo maglione con dei pantaloni di Armani... (#)
MICHELE	Che costeranno un occhio della testa! (#)
COMMESSA	Ma no! È tutto in saldo, signore. (#)
MICHELE	Allora, sì, prendo il maglione e questi pantaloni. (#) Signorina, La ringrazio tanto del Suo aiuto, è stata molto gentile. (#)
COMMESSA	Di niente, si figuri! (#) Sicuramente sarà l'uomo meglio vestito della festa! (#)
MICHELE	(*a se stesso*) Già! Ma chi posso portare alla festa con me? (#)

Now close your text. The conversation will be read a second time with pauses. Listen carefully and repeat what you hear, imitating the speakers' intonation and pronunciation.

D. A ciascuno il suo! Read along by opening your text to page 273. The conversation will be read without pauses. Listen to the **Incontro,** paying close attention to the speakers' intonation and pronunciation.

MARILINA	Mi piacerebbe vedere la prossima sfilata di Max Mara—è il mio stilista preferito. (#) Allora, Giacomo, tu ci andrai? (#)
GIACOMO	Sì, certo! Non me la perderei per nulla al mondo... (#) Lo sapete che Max Mara ha scelto alcuni miei bijoux per le sue modelle? (#)
LEONARDO	Taci, ti prego! (#) Marilina, diglielo anche tu di non ricominciare con questa storia! (#) Altrimenti ci racconterà com'è la nuova tendenza, i colori che sono di moda, quante modelle ha conosciuto... (#)

 Copyright © Houghton Mifflin Company. All rights reserved.

MARILINA Lascialo parlare, invece! (#) Sai che Giacomo è bravissimo a disegnare i bijoux (#)—ne ha fatti tanti che mi piacciono. (#) Li comprerei tutti! Dimmi, allora, mi fai entrare con te? (#)

GIACOMO Certo, cara! (#)

LEONARDO "Certo, cara!" Eh sì, oramai sei famoso! (#) E per di più, sei anche modesto. E frequenti ancora i vecchi amici... (#)

MARILINA Lascia perdere, Leo! Non fare lo spiritoso! (#) Senti, Giacomo, mi piacerebbe vedere anche la sfilata di Krizia. (#) Che ne dici? Riusciremo a vedere tutte e due? (#)

GIACOMO Fammi pensare. Da Krizia conosco qualcuno... chi? (#) Ah, sì, Maurizio Pancaldi. (#) Al limite, gli chiedo se hanno bisogno di aiuto dietro le quinte. (#) Possiamo lavorare, così siamo sicuri di vedere la nuova collezione! (#)

LEONARDO Voi due! Siete ossessionati! (#) Sentite, io vado al cinema stasera a vedere un film giallo. (#) Se qualcuno vuole venire con me... (#)

GIACOMO No, grazie, Leo, devo finire il nuovo progetto per una linea di occhiali da sole. (#) Sono disegni fantastici ... audaci, proprio come piacciono a me! (#)

MARILINA E io purtroppo devo studiare. (#)

LEONARDO A ciascuno il suo. (#)

Now close your text. The conversation will be read a second time with pauses. Listen carefully and repeat what you hear, imitating the speakers' intonation and pronunciation.

PER LA PRONUNCIA

Double consonants

In Italian, all consonants except **h** and **q** have a corresponding double consonant that is pronounced differently from the single consonant. In general, double consonants are pronounced more forcefully; in effect, the letter is pronounced twice. It is important to pronounce double consonants correctly, because the difference of one letter can result in a difference in meaning.

A. Ad alta voce! Listen and repeat each word after the speaker, paying close attention to the double consonant sounds. Practice the double consonant pronunciation: Divide the word after you pronounce the first consonant, then repeat that consonant at the start of the next syllable.

mamma (#)	vorrebbe (#)	faremmo (#)	sillabo (#)
donna (#)	sette (#)	bevvi (#)	

Now listen and repeat the following sentence after the speaker.

Amo mia mamma. (#)

B. Orecchio alla pronuncia! Listen and repeat each word after the speaker. Note the difference in pronunciation between the single consonant and the double consonant.

età (#)	etto (#)	meta (#)	letto (#)
pineto (#)	tetto (#)	aceto (#)	accetto (#)
mela (#)	snella (#)	parentela (#)	tagliatelle (#)
Pina (#)	pinna (#)	sono (#)	sonno (#)
parleremo (#)	parleremmo (#)	copia (#)	coppia (#)

Copyright © Houghton Mifflin Company. All rights reserved.

C. Che cosa senti? Read the pairs of words in your lab manual. Then listen carefully to the speaker and circle the word you hear.

1. sette (#)
2. tuta (#)
3. vene (#)
4. cassa (#)
5. ala (#)
6. bevve (#)
7. note (#)
8. ecco (#)
9. papa (#)
10. nonna (#)
11. saremmo (#)
12. tono (#)

ATTIVITÀ PER LA COMPRENSIONE

D. Chi è? While you listen to the following people describe themselves, number the drawings in your lab manual in the order in which the people speak.

UOMO 1	Ho un grande naso e capelli neri. Non sono molto alto, ma i miei occhi sono grandi. (#)
DONNA 2	Ho una grande bocca, piena di denti bianchi! Sopra il sopracciglio sinistra ho un neo a forma di cuore. (#)
DONNA 3	Le mie gambe sono corte... non sono alta! Però ho dei grandi piedi! Porto un anello con un brillante alla mano destra, e al collo ho una collana di perle. (#)
UOMO 4	Io ho una barba, ma non ho capelli! Le mie orecchie sono grandi e porto un orecchino. Ho le ciglie lunghe e una bocca piccola.

E. Dal medico. You are a receptionist in a doctor's office. Listen to the messages that were left on your voice mail early this morning and fill in the cards using the information you hear.

GIACOMO	Pronto. Sono Giacomo Bellini. Non sto bene. Ho i brividi e una temperatura. Ho dolori alla schiena. Il mio numero di telefono è 52.39.60. (#)
MARGHERITA	Pronto. Mi chiama Margherita Rossi. Quando mangio, ho mal di stomaco. Ho preso delle aspirine, ma da due giorni ho mal di testa. Non ho temperatura. Per favore, mi chiami. Il mio numero di telefono è 67.68.92. (#)
CRISTINA	Buongiorno. Sono Cristina Oddone. Mia figlia Angela ha la febbre e una tosse. Forse ha l'influenza. Per piacere, mi chiami al 46.72.15. (#)

F. I fratelli rivali. Listen to the descriptions of Enzo and Alfredo. In your lab manual, mark an **X** in the appropriate column to indicate which brother exhibits each characteristic. Use a plus sign (+) or a minus sign (–) to indicate degrees of comparison.

Alfredo è più alto di Enzo. (#)
Enzo preferisce prendere il sole che nuotare. (#)
Enzo ama la moda e ha più vestiti eleganti che sportivi. (#)
Alfredo gioca meglio a tennis. (#)
Enzo è meno atletico. (#)
Alfredo va peggio a scuola. (#)

 Copyright © Houghton Mifflin Company. All rights reserved.

G. Quando mi sveglio... Read the list of activities in your lab manual and then listen to Beppe describe his typical morning. Number the activities in the order in which Beppe performs them.

BEPPE A me non piace la mattina! Mi sveglio alle sette, ma non mi alzo fino alle sette e mezzo! Che sonno! Poi mi faccio la doccia, così dopo mi rado la barba. Devo bere un caffè! Dopo la colazione, mi vesto e mi metto una cravatta molto colorata. Poi mi pettino allo specchio. Sono pronto per la giornata! (#)

H. La festa di Filippo. Listen to the following description of Filippo's party. Then indicate whether each statement in your lab manual is true (**vero**) or false (**falso**).

Filippo offre una festa a casa sua venerdì sera. Gli piacerebbe invitare tutti i suoi amici alla festa, ma non c'è spazio. Invita solo dieci persone. Liana vorrebbe comprare un vestito nuovo per la festa venerdì sera, ma non ha i soldi. Susanna non potrà andare, ma Sergio andrà alla festa. Riccardo verrebbe alla festa anche lui, ma deve stare a casa con il suo fratellino. Andrea è il miglior amico di Filippo; gli piacerebbe andare alla sua festa ma ha già un appuntamento per andare al cinema.

I. Agli ordini! Listen to the following six phrases. Write an **X** in the appropriate column in your lab manual to indicate whether the person is asking a question or giving a command.

MAMMA Silvia, mettiti i guanti prima di uscire! (#)
PROFESSORE Paolo, mi hai consegnato il compito ieri? (#)
MAMMA Bambini, state zitti! (#)
PROFESSORE Roberto, non scrivere sul muro! Scrivi sul libro! (#)
MAMMA Angela, hai un problema? (#)
PROFESSORE Davide e Elisa, ascoltatemi bene! (#)

End of Unità 7.

Copyright © Houghton Mifflin Company. All rights reserved.

Unità 8

INCONTRI

A. Dopo l'esame di Maturità. Read along by opening your text to page 288. The conversation will be read without pauses. Listen to the **Incontro,** paying close attention to the speakers' intonation and pronunciation.

GABRIELLA	Nel Canto IV del *Paradiso,* Dante chiede a Beatrice... (#)
ANGELO	Che barba 'sto Dante! Ragazzi, che ne dite di fare una pausa? (#)
GABRIELLA	Ma se abbiamo appena cominciato! (#) Angelo, non è possibile studiare con uno come te! (#)
MARINA	Dai, Gabriella! Angelo ha ragione: (#) sarà giusto leggere Dante, ma non bisogna mica esagerare! (#) Piuttosto ... avete già deciso voi cosa fare dopo la Maturità? (#) È facile indovinare cosa farà Gabriella: studiare, studiare, studiare! (#)
GABRIELLA	Mi prendete sempre in giro, voi! (#) Voglio diventare ingegnere, perciò è necessario lavorare sodo. (#)
FEDERICO	Allora è probabile che ci vedremo al Politecnico: (#) anch'io voglio studiare ingegneria. (#) E tu, Sandra, sai già cosa fare? (#)
SANDRA	A dire il vero, vorrei fare un mestiere creativo; (#) non so, l'artista, lo scrittore, lo stilista. (#) Insomma, lavorare con la fantasia. (#)
MARINA	Che bella idea! (#) È importante sentirsi liberi e realizzati nel lavoro, come professionista o artigiano o altro... (#)
ANGELO	O presentatore alla TV! (#) I presentatori guadagnano moltissimo: prendete Fiorello, per esempio! (#) Che forte! (#) Ormai è ricco sfondato, famosissimo ed è probabile che lo vedremo ancora per molto tempo alla televisione. (#)
FEDERICO	E come pensi di fare? (#) Non è facile lavorare in televisione. (#)
GABRIELLA	Basta, ragazzi! (#) Bisogna studiare ancora dieci canti di Dante per l'esame d'italiano. (#) Se non superiamo l'esame di Maturità, possiamo dire addio alla nostra carriera! (#)
IN CORO	Gabriella, sei sempre la solita secchiona! (#)

Now close your text. The conversation will be read a second time with pauses. Listen carefully and repeat what you hear, imitating the speakers' intonation and pronunciation.

B. In cerca di un passaggio. Read along by opening your text to page 300. The conversation will be read without pauses. Listen to the **Incontro,** paying close attention to the speakers' intonation and pronunciation.

DONATELLA	Vale, mi puoi accompagnare in centro? (#) Oggi vorrei andare a Torino a fare due passi e vedere un po' le vetrine. (#)
VALENTINA	Purtroppo, pare che io non possa darti un passaggio. (#) Sai che ho appena preso la patente, (#) e papà teme che io non guidi ancora abbastanza bene. (#) Ma vengo volentieri con te. Telefoniamo a Gina: (#) credo che anche lei abbia un impegno in centro oggi. (#)
DONATELLA	Stiamo fresche! Ho litigato con Gina ieri. (#) Sarà difficile che mi dia un passaggio... (#) Vale, cosa facciamo adesso? (#)
VALENTINA	È probabile che ci sia un autobus tra poco (#)—guardiamo l'orario. (#) Be', perché non proviamo a telefonare a Luca? (#) Forse lui ci darà un passaggio! (#)

 Copyright © Houghton Mifflin Company. All rights reserved.

DONATELLA	Sei sempre la solita! È possibile che tu non sappia che non si può andare in moto in tre? (#)
VALENTINA	Ah, già, è vero! Che peccato! (#) Allora, perché non prendiamo un taxi? (#)
DONATELLA	Sì, il taxi!!! Non guadagno ancora una lira! (#)
VALENTINA	Ho trovato! Basta chiamare quel ragazzo... come si chiama? Vincenzo, il tuo ammiratore segreto! (#) È probabile che abbia già la patente, ed è un tipo carino. (#) Sono sicura che lui ha una cotta per te... magari lui ci accompagna. Che ne dici? (#)
DONATELLA	Sarà carino, ma io non lo sopporto proprio! (#) Però se credi che abbia già la patente... Dai, chiamalo! (#)

Now close your text. The conversation will be read a second time with pauses. Listen carefully and repeat what you hear, imitating the speakers' intonation and pronunciation.

C. In sala riunioni. Read along by opening your text to page 306. The conversation will be read without pauses. Listen to the **Incontro,** paying close attention to the speakers' intonation and pronunciation.

FERRERO	Cari colleghi, siamo qui tutti insieme perché è giusto che io vi dica ancora grazie per il vostro buon lavoro. (#) Il nuovo modello esce domani, malgrado gli scioperi e i disagi. (#) Quest'azienda ha sempre cercato di mantenere buoni rapporti con i sindacati. (#) Parlo per tutti i dirigenti quando dico che stiamo cercando di migliorare la produzione mentre evitiamo la disoccupazione. (#) Bene. Ora do la parola all'ingegner Bertoni. Prego, Marisa. (#)
BERTONI	Le ultime previsioni indicano che il mercato dell'automobile è in ripresa. (#) Sicuramente l'esportazione di quest'auto ci aiuterà a superare la crisi. (#) Mi congratulo con voi e con tutti i colleghi che hanno collaborato al progetto. (#)
BOERO	Ingegner Bertoni, secondo Lei, perché questo modello sarà un successo? (#) Ci dia il Suo parere. (#)
BERTONI	Certo, ingegnere! Per viaggiare in città questa macchina è la migliore che ci sia. (#) È l'ideale per muoversi nel traffico e per parcheggiare. (#) E un'altra cosa importante: quest'auto consuma poca benzina. (#) Dobbiamo tutti pensare all'ambiente, all'inquinamento, al futuro dei nostri figli. (#)
FERRERO	A proposito, non crede anche che quest'auto sia adatta ai giovani? (#) È molto sportiva! (#)
BERTONI	È sportiva, ma pratica. (#) Piacerà certamente ai giovani che vogliono una macchina funzionale ma anche divertente. (#)
FERRERO	È un prodotto di cui possiamo essere orgogliosi tutti. (#) E ora scusatemi, devo proprio scappare. (#) Ho un'altra riunione ... con i capi del sindacato! (#) Non vogliamo che facciano sciopero proprio quando deve uscire il nuovo modello! Non sarebbe una bella pubblicità! (#)

Now close your text. The conversation will be read a second time with pauses. Listen carefully and repeat what you hear, imitating the speakers' intonation and pronunciation.

D. Il colloquio di lavoro. Read along by opening your text to page 312. The conversation will be read without pauses. Listen to the **Incontro,** paying close attention to the speakers' intonation and pronunciation.

ENRICO	Ciao, Vincenzo! Che ci fai qui tutto elegante? (#)
VINCENZO	Eh... tra mezz'ora ho un colloquio di lavoro. (#)
ENRICO	Davvero? In bocca al lupo. (#)

Copyright © Houghton Mifflin Company. All rights reserved.

VINCENZO	Crepi! (#)
ENRICO	Che tipo di lavoro cerchi? (#)
VINCENZO	Mi piacerebbe trovare un lavoro creativo, (#) magari insieme ad altri giovani architetti che progettano edifici, impianti industriali ... (#) o magari il restauro di vecchi palazzi. (#)
ENRICO	Ho capito, ma sai, bisogna essere realisti... (#) Se riesci a trovare un lavoro, guadagnerai un po' di soldi (#) e così, man mano puoi cercare il tuo lavoro ideale. (#)
VINCENZO	Lo spero tanto. Ti saluto, Enrico! (#) Non vorrei essere in ritardo! (#)

(*Nell'ufficio dell'architetto Marina Volpe*)

VOLPE	Buongiorno, signor Bassetti. (#)
VINCENZO	Buongiorno. (#)
VOLPE	Si accomodi pure. (#)
VINCENZO	Grazie. (#)
VOLPE	Allora, Lei si è laureato in architettura di recente. (#) Mi dica, ha esperienza in questo campo? (#)
VINCENZO	Sì, l'anno scorso ho fatto uno stage presso uno studio di architettura. (#)
VOLPE	Bene. Senta, come imprenditrice, libera professionista e madre di famiglia, (#) non ho più tempo per respirare! (#) In questo momento qui in ufficio abbiamo tanti progetti tra le mani. (#) Sto cercando nuovi laureati da assumere perché abbiamo veramente troppa carne sul fuoco! (#) Ho visto il suo curriculum e vedo che è molto preparato. (#) Le può interessare un posto qui da noi? (#)
VINCENZO	Sì, sarei molto interessato. (#)
VOLPE	Nel frattempo, Le presento mia figlia. (#) Lavora qui con me. (#) Anche lei si è laureata alla facoltà di architettura. Donatella! (#)
DONATELLA	Salve! (#) Oh, ciao, Vincenzo! Che fai di bello? (#)
VINCENZO	Veramente, sono qui per un colloquio di lavoro. (#)
VOLPE	Allora, vi conoscete? (#)
DONATELLA	Ma certo! Vincenzo era tra i migliori studenti della facoltà. (#) Senti, Vincenzo, mia madre è un capo molto esigente, te lo dico io! (#) (*Squilla il telefono.*) Scusatemi, devo scappare! Mi chiamano per il restauro del palazzo Gancia! (#) Ciao, Vincenzo! Fatti vivo, mi raccomando! (#)

Now close your text. The conversation will be read a second time with pauses. Listen carefully and repeat what you hear, imitating the speakers' intonation and pronunciation.

PER LA PRONUNCIA

Review of vowels

In Italian, vowel sounds are pronounced clearly. There are only five vowel sounds in Italian and it is important to articulate them.

A. Orecchio alla pronuncia! Listen and repeat each word after the speaker. Pay particular attention to the clear pronunciation of the vowel sounds.

mela (#)	mulo (#)	mila (#)	male (#)	molo (#)
lago (#)	lega (#)	lungo (#)	luogo (#)	
tetto (#)	tutto (#)	pero (#)	pare (#)	pura (#)

Copyright © Houghton Mifflin Company. All rights reserved.

B. Ad alta voce! The following words end in an accented vowel. Listen and repeat each word after the speaker.

ragù (#)	virtù (#)	gioventù (#)	più (#)
città (#)	specialità (#)	già (#)	
caffè (#)	osé (#)		
parlò (#)	parlerò (#)		
sì (#)	lì (#)		

C. Che cosa senti? Listen and repeat the following words, paying careful attention to the final vowel sound. There are many pairs of words in Italian that change meaning from masculine to feminine!

1. banco (#)	banca (#)	4. posto (#)	posta (#)
2. mostro (#)	mostra (#)	5. porto (#)	porta (#)
3. pianto (#)	pianta (#)	6. scopo (#)	scopa (#)

ATTIVITÀ PER LA COMPRENSIONE

D. Mezzi di trasporto. Ascoltare le seguenti sei persone. Raccontano quale mezzo di trasporto prendono per arrivare a lavoro. Scrivere il numero del mezzo usato accanto al nome della persona che lo prende.

GIOVANNI Mi chiamo Giovanni. Tutti i giorni faccio qualche commissione fuori città, quindi mi serve la macchina. Ho una Alfa Romeo, ed è una buona automobile. (#)

ISABELLA Sono Isabella. Io lavoro nel campo della finanza internazionale. Spesso devo prendere l'aereo per andare ad una nuova riunione! Mi piace volare. (#)

ROBERTO Io sono un professore; mi chiamo Roberto Stefanini. Non abito lontano dall'università, quindi prendo l'autobus tutti i giorni. (#)

MARILINA Mi chiamo Marilina, e sono studente. Sono anche un tipo sportivo. Con la mia motocicletta, giro facilmente in città, e riesco a dare anche un passaggio ad un amico! (#)

MATTIA Io sono Mattia. Lavoro in città, ma abito in campagna. Così, faccio il pendolare. Prendo il treno tutti i giorni per arrivare al lavoro. (#)

ENRICA Mi chiamo Enrica, e io abito e lavoro a Torino, una città piena di traffico! Non mi piace guidare la macchina, così io vado in bicicletta tutti i giorni! (#)

E. Certezza o dubbio? Ascoltare bene le seguenti frasi e poi indicare se la persona che parla esprime un dubbio o una certezza, scrivendo una **X** nella colonna appropriata.

È importante studiare tanto per diventare medico. (#)
Penso che sia interessante fare l'avvocato. (#)
Credo che Carmela voglia diventare ingegnere. (#)
È necessario scrivere una tesi per laurearsi in Italia. (#)
Non so se gli studenti americani scrivano sempre una tesi. (#)
È difficile che i giovani italiani trovino un lavoro subito dopo la laurea. (#)

Copyright © Houghton Mifflin Company. All rights reserved.

F. Pubblicità radiofoniche. Ascoltare le seguenti pubblicità e scegliere la battuta finale che completa ciascuna pubblicità in maniera logica. Scrivere il numero che corrisponde all'ordine in cui vengono presentate le pubblicità.

1. Una giornata calda d'estate. Devi correre da un appuntamento all'altro. Che sete che hai! Appena puoi, prenderai qualcosa di fresco... (#)
2. Vuoi la sicurezza. Vuoi una macchina pratica ma sportiva. Vuoi girare la città, vuoi correre negli spazi aperti dell'autostrada. (#)
3. Mmmmm. Il profumo del ragù della mamma... Come entri in cucina, viene l'acquolina in bocca. Ogni pasto comincia bene... (#)
4. Che sporco! Quando la famiglia è attiva come la tua, è normale che sporchino i pavimenti! Per togliere quel nero... (#)

G. Il colloquio di lavoro. Stefano ha un colloquio di lavoro in uno studio legale. Ascoltare la conversazione fra Stefano e l'avvocato Adori e completare la conversazione con le parole mancanti. Ascoltare la conversazione più di una volta, se necessario.

ADORI — Buongiorno. Lei è Stefano Manzini?
STEFANO — Sì, sono io. Buongiorno.
ADORI — Perché è interessato a questo lavoro?
STEFANO — Io studio legge all'università e vorrei diventare avvocato al termine dei miei studi.
ADORI — Ha un curriculum?
STEFANO — Sì, eccolo.
ADORI — Vedo che ha esperienza. Ha fatto già uno stage presso uno studio legale in Inghilterra. Allora, parla bene l'inglese?
STEFANO — Me la cavo.
ADORI — Bene! È una lingua molto utile. Quando si laurea?
STEFANO — L'anno prossimo, se va tutto bene. Ho due esami questo mese.
ADORI — In bocca al lupo!
STEFANO — Crepi!

H. Un lavoro fantastico! Luigi ha visto sul giornale l'inserzione riprodotta nel vostro manuale di laboratorio e ora telefona per avere più informazioni. Ascoltare la conversazione e completare gli appunti che Luigi prende.

SIGNORA — Pronto? Buongiorno.
LUIGI — Buongiorno. Chiamo perché ho visto l'inserzione sul giornale e vorrei qualche informazione in più.
SIGNORA — Mi dica!
LUIGI — Che tipo di lavoro è?
SIGNORA — Se Lei sa lavorare col computer, può fare questo lavoro.
LUIGI — Quante ore al giorno sono?
SIGNORA — Lei è libero di scegliere quante ore può o vuole lavorare al giorno. Può fare dieci ore in un giorno, o due ore ogni giorno. Dipende da Lei.
LUIGI — Si può lavorare anche di notte?
SIGNORA — Sì sì.
LUIGI — C'è bisogna di una macchina?
SIGNORA — No, assolutamente. Può starsene tranquillo a casa.
LUIGI — Allora, è un lavoro che si fa a casa?

Copyright © Houghton Mifflin Company. All rights reserved.

SIGNORA Certo, basta avere un computer. Più ore che sta davanti al computer, più che guadagna.
LUIGI (*sottovoce*) Che barba! (*alta voce*) Grazie, non sono interessato al lavoro!

End of Unità 8.

Copyright © Houghton Mifflin Company. All rights reserved.

Unità 9

INCONTRI

A. Un viaggio in Sardegna. Read along by opening your text to page 329. The conversation will be read without pauses. Listen to the **Incontro,** paying close attention to the speakers' intonation and pronunciation.

BRUNO	Scusa, è occupato questo posto? (#)
ANNAMARIA	No, è libero. Accomodati pure. (#)
BRUNO	Bene, allora metto il sacco a pelo qui sopra. (#) Ecco fatto! (#) Io vado all'isola di Caprera. E tu? (#)
ANNAMARIA	Vado fino a La Maddalena, in Costa Smeralda. (#) Vado dai miei nonni; (#) ogni estate vengo in Sardegna a trovare i miei parenti. (#)
BRUNO	Che colpo! (#)
ANNAMARIA	Come mai hai scelto di andare all'isola di Caprera? (#)
BRUNO	I ragazzi con cui lavoro conoscono un bel campeggio lì. (#) Io sono di Milano e ora in città è pazzesco: (#) non si respira e i negozi sono tutti chiusi per ferie. (#)
ANNAMARIA	Conosci la Sardegna? (#)
BRUNO	No, non ci sono mai stato. (#) Figurati che prima di oggi non avevo mai preso un traghetto! (#)
ANNAMARIA	Davvero? (#)
BRUNO	Sì, e per un pelo non lo prendevo anche questa volta! (#) Sono arrivato in ritardo e ho scoperto che avevo dimenticato il biglietto a casa. (#) Lo confesso, sono un po' imbranato quando viaggio. (#) Quest'inverno volevo fare una settimana bianca con degli amici, (#) ma non avevo pensato di prenotare l'albergo, e così è andato tutto a monte. (#)
ANNAMARIA	Non parlare di settimana bianca! (#) Questo treno è senza aria condizionata e io sono sudata fradicia. (#) Fa un caldo bestiale e tu parli di neve! (#) Questo viaggio non finisce mai! (#) Non vedo l'ora di arrivare. (#)
BRUNO	Anch'io! Farò un bel bagno in mare appena arrivo. (#) E di sera, cosa si fa di bello da queste parti? (#)
ANNAMARIA	Un sacco di cose interessanti! (#) Forse non lo sai, ma la settimana di Ferragosto c'è la sagra del paese. (#) Mi raccomando, non perdertela! (#) La processione per il santo patrono è così bella, (#) e alla sera ci sono feste, fuochi d'artificio, musica in piazza. (#) È proprio divertente! (#)
BRUNO	Accipicchia! Quasi quasi vengo con te... (#) o magari ci possiamo incontrare alla festa del santo patrono? (#)

Now close your text. The conversation will be read a second time with pauses. Listen carefully and repeat what you hear, imitating the speakers' intonation and pronunciation.

B. In partenza. Read along by opening your text to page 338. The conversation will be read without pauses. Listen to the **Incontro,** paying close attention to the speakers' intonation and pronunciation.

PAOLO	Salve, Carlo! (#)
CARLO	Ciao! Ma che sorpresa! Che ci fai qui tu? (#) Credevo che tu fossi ancora a Roma e che tornassi in Sardegna solo d'estate! (#)

 Copyright © Houghton Mifflin Company. All rights reserved.

PAOLO Come vedi, sono a casa. (#) Non vado da nessuna parte; ho solo dato un passaggio a mia madre. (#) Voleva che io la portassi in macchina, (#) ma c'era traffico e siamo arrivati in ritardo. (#) Così ha perso il treno e ora deve aspettare il prossimo. (#) E tu, che fai di bello? (#)

CARLO Vado a Sassari per un colloquio di lavoro. (#) Il mio treno parte tra un quarto d'ora. (#)

PAOLO Colloquio di lavoro? Ma non sapevo che ti fossi laureato! (#)

CARLO Non mi sono ancora laureato. (#) Comunque, dovrei finire la tesi tra un paio di mesi. (#) Senti, Paolo, ti saluto (#)—il mio treno è in partenza sul binario cinque. Scappo! Ciao! (#)

PAOLO Ciao, Carlo! In bocca al lupo per il colloquio! (#)

CARLO Crepi! (#)

(*Paolo torna dalla mamma, che sta chiamando un facchino.*)

SIGNORA Facchino! Facchino! È libero? (#)

FACCHINO Prego, signora. A Sua disposizione. (#)

SIGNORA Grazie. Queste sono le mie valige. (#)

FACCHINO Benissimo. Ne ha tante, signora! (#) Quanto bagaglio! Dove lo porto? (#)

PAOLO Eccomi! Il prossimo treno parte dal binario tre fra venti minuti. (#) È un rapido, così ti ho comprato il supplemento. (#)

SIGNORA Santo cielo! Fra venti minuti! (#) Sbrighiamoci! (#)

PAOLO Non ti preoccupare, mamma. (#) Vado a prenderti il giornale all'edicola, così lo potrai leggere durante il viaggio. (#) Abbiamo ancora un sacco di tempo. (#)

SIGNORA Mica tanto, sai. Sbrigati, per favore. (#) Se no, perderò il treno un'altra volta! (#)

Now close your text. The conversation will be read a second time with pauses. Listen carefully and repeat what you hear, imitating the speakers' intonation and pronunciation.

C. Destinazione: Sardegna! Read along by opening your text to page 345. The conversation will be read without pauses. Listen to the **Incontro,** paying close attention to the speakers' intonation and pronunciation.

VALENTINA Carlo, amore, sei andato all'agenzia di viaggio oggi? (#)

CARLO Sì, tesoro. (#) Mi sono informato per la nostra vacanza in Sardegna. (#)

VALENTINA Bene! Non vedo l'ora di andarci! (#) Hai preso qualche dépliant? (#)

CARLO Naturalmente. Guarda questa foto della spiaggia di Porto Cervo! (#)

VALENTINA Magnifica! Vorrei visitare sia la Costa Smeralda sia l'interno, le montagne. (#) Che isola affascinante! (#) Spero che tu abbia già prenotato i biglietti aerei. (#)

CARLO No, non li ho ancora prenotati. (#) Non pensavo che fosse necessario. (#)

VALENTINA Ma come? (#) Carlo, è possibile che tu sia stato all'agenzia senza fare nemmeno una prenotazione? (#) Manca solo un mese alla data di partenza! (#)

CARLO Ma se non abbiamo ancora deciso che tipo di sistemazione vogliamo! (#) Intanto, c'è tempo. (#)

VALENTINA Mica tanto, sai. (#) Dobbiamo sbrigarci se vogliamo trovare posto in albergo. (#) Penso che tu debba tornare subito all'agenzia a sistemare tutto. (#) Io preferisco un bell'albergo di lusso, ma certo una pensione sarebbe più economica. (#)

CARLO Ehi! Perché non andiamo in campeggio? (#) Mi piace dormire sotto le stelle! (#)

VALENTINA Hai ragione, Carlo. Abbiamo tante cose da discutere. (#)

Copyright © Houghton Mifflin Company. All rights reserved.

(Il giorno dopo, Valentina va da sola all'agenzia di viaggio.)

IMPIEGATO	Prego, signora. Mi dica! (#)
VALENTINA	Vorrei prenotare un biglietto aereo di andata e ritorno Pisa–Cagliari. (#) Vorrei anche delle informazioni sugli alberghi di prima categoria per la Costa Smeralda... (#)
IMPIEGATO	Quando vuole partire, signora? (#)
VALENTINA	Lunedì 3 agosto. (#)
IMPIEGATO	Ecco fatto. Le serve altro? (#) Avrà bisogno di un'auto a noleggio? (#)
VALENTINA	No, grazie. Devo prenotare l'albergo anche oggi? (#)
IMPIEGATO	Non necessariamente, (#) però Le consiglio di decidere entro la fine di questa settimana. (#) Le suggerisco di sfogliare alcuni dépliant—prenda pure! (#) Guardi questa spiaggia dell'isola di Caprera. (#) Che posto romantico per trascorrere le vacanze! (#)
VALENTINA	Lo spero tanto! (#)

Now close your text. The conversation will be read a second time with pauses. Listen carefully and repeat what you hear, imitating the speakers' intonation and pronunciation.

D. In volo. Read along by opening your text to page 355. The conversation will be read without pauses. Listen to the **Incontro,** paying close attention to the speakers' intonation and pronunciation.

SIG.NA FORD	Mamma mia! Per un pelo perdevo l'aereo. (#) Scusi, ma il mio posto è quello vicino al finestrino. (#)
ING. MULAS	Oh, mi dispiace. La faccio passare subito. (#)
SIG.NA FORD	Grazie. Scusi ancora, eh. (#) C'era un traffico stamattina ... e quel tassista... (#) Va be', lasciamo perdere. Finisce che ho sempre l'acqua alla gola quando viaggio. (#)
ING. MULAS	Era qui in vacanza? (#)
SIG.NA FORD	No, sono in Italia per lavorare (#)—ora vado a Milano per le sfilate. Faccio la modella. (#)
ING. MULAS	Che bel mestiere! (#) È la prima volta che viene in Sardegna? (#)
SIG.NA FORD	No, no. C'ero già stata diverse volte in passato. E Lei? (#)
ING. MULAS	Io sono sarda. Ma senti, ci possiamo dare del tu, no? (#)
SIG.NA FORD	D'accordo, certo. (#)
ING. MULAS	Lavoro a Milano, però faccio un mestiere molto meno affascinante in confronto al tuo. (#) Sono un'ingegnere dell'Olivetti. (#) Ora vado a Milano ma proseguo per Los Angeles. (#) Ho la coincidenza per il volo internazionale all'aeroporto di Malpensa. (#)
SIG.NA FORD	È un volo diretto Milano–Los Angeles? (#)
ING. MULAS	No, fa scalo a Chicago. (#) Infatti, al ritorno mi fermerò un paio di giorni là. (#) Sarà l'ultima tappa del mio viaggio. (#)
SIG.NA FORD	Ma io sono nata a Chicago! (#) Allora ti consiglio qualche posticino davvero speciale! (#)
VOCE DI HOSTESS	Preghiamo i signori passeggeri di allacciare le cinture di sicurezza. (#) Ricordiamo inoltre ai passeggeri che è vietato fumare durante il decollo. (#) Il bagaglio a mano dev'essere posto al sicuro, sotto il sedile davanti a voi. (#)
ING. MULAS	Bene, in questo caso potrai anche suggerirmi cosa posso portare ai miei figli come regalo dagli Stati Uniti. (#)
SIG.NA FORD	Ben volentieri! (#)

Now close your text. The conversation will be read a second time with pauses. Listen carefully and repeat what you hear, imitating the speakers' intonation and pronunciation.

 Copyright © Houghton Mifflin Company. All rights reserved.

PER LA PRONUNCIA

Intonation

In Italian, it is not necessary to raise your voice at the end of a question. When you use a tag phrase to turn a statement into a question, however, you must raise your voice at the end. When giving commands, urgency is expressed in the inflection. Particular emphasis is given to words in exclamations.

A. Ad alta voce! Listen and repeat the following questions, imitating the speakers' intonation and inflection.

VOCE DI DONNA Come stai? (#)
VOCE DI UOMO Che tempo fa oggi? (#)
VOCE DI DONNA Hai un momento? (#)
VOCE DI UOMO Che ore sono? (#)
VOCE DI DONNA Chi è quel signore? (#)
VOCE DI UOMO Dove hai trovato quel vestito? (#)

B. Ripetila! Now listen and repeat the following tag questions, imitating the speakers' intonation and inflection.

VOCE DI UOMO Hai già conosciuto Mario, vero? (#)
VOCE DI DONNA È la prima volta che vieni in Italia, non è vero? (#)
VOCE DI UOMO Dobbiamo esserci a mezzogiorno, giusto? (#)

C. Senti chi parla! Listen and repeat the following commands, imitating the speaker's intonation and inflection.

Mi dica! (#)
Non dimenticare di telefonarmi! (#)
Finisci tutto! (#)
Smettila! (#)
Fammi sapere appena puoi! (#)
Abbia pazienza! (#)

D. Orecchio alla pronuncia! Listen and repeat the following exclamations, imitating the speaker's intonation and inflection.

Che bello! (#)
Che caldo! (#)
Mi dispiace! (#)
Chi si vede! (#)
Mi raccomando! (#)

Copyright © Houghton Mifflin Company. All rights reserved.

E. Senti chi parla! Listen to the following conversation between a brother and sister who can't agree on anything. Pay close attention to their pronunciation, intonation, and inflection. Then repeat each line after the speaker.

ANGELA	Enrico, non vai mica in centro oggi? (#)
ENRICO	Sì, perché? (#)
ANGELA	Perché ho delle commissioni da fare. Allora vengo anch'io! (#)
ENRICO	Mi dispiace, non posso portarti. (#)
ANGELA	Ma dai! Ti prego, portami con te! (#)
ENRICO	Lasciami stare! Lo sai che vado con i miei amici. (#)
ANGELA	Sei insopportabile! (#)
ENRICO	Ueh, basta! (#)

ATTIVITÀ PER LA COMPRENSIONE

F. Alla stazione dei treni. Michele è in partenza per Roma. È allo sportello delle informazioni alla stazione di Firenze. Ascoltare bene la conversazione fra Michele e l'impiegato. Poi rispondere alle domande nel manuale del laboratorio con frasi complete.

MICHELE	Buongiorno. Scusi, vorrei andare a Roma. C'è un treno InterCity che parte prima di mezzogiorno?
IMPIEGATO	Per Roma, vediamo. Ecco. C'è un InterCity che parte alle undici e trenta dal binario 15.
MICHELE	E il prezzo del biglietto?
IMPIEGATO	Dipende da che tipo di biglietto vuole, signore. Andata e ritorno o solo andata?
MICHELE	Andata e ritorno.
IMPIEGATO	Allora, viene cinquantatrémila lire, col supplemento rapido.
MICHELE	A che ora arriva a Roma?
IMPIEGATO	All'una e quarantacinque.
MICHELE	Grazie, signore. Arrivederci.
IMPIEGATO	Prego. Buongiorno.

G. All'aeroporto. Massimo va in Sardegna per una vacanza al mare. È all'aeroporto. Ascoltare la conversazione tra Massimo e l'impiegato e completarla con le parole mancanti. Forse sarà necessario ascoltare la conversazione più di una volta.

IMPIEGATO	Buongiorno, signore. Prego. Su quale volo ha prenotato?
MASSIMO	Genova–Cagliari. Ecco il biglietto.
IMPIEGATO	Va bene. Allora, ci sono due posti liberi. Quale preferisce, il corridoio o il finestrino?
MASSIMO	Prendo il finestrino.
IMPIEGATO	D'accordo. Ha bagaglio?
MASSIMO	Solo bagaglio a mano.
IMPIEGATO	Va bene. Ecco a Lei la carta d'imbarco. Il volo è in orario, parte alle sedici e trenta. Può accomodarsi nella sala d'attesa.
MASSIMO	Grazie.
IMPIEGATO	A Lei. E buon viaggio!

Copyright © Houghton Mifflin Company. All rights reserved.

H. Le vacanze disastrose! Enrica è molto scontenta di come suo marito Gianluca ha organizzato le vacanze. Ora sta raccontando tutto ad una sua amica. Ascoltare bene quel che dice, e poi indicare come avrebbe voluto passare le vacanze Enrica, scrivendo un cerchio (*circle*) intorno alle sue preferenze.

Non mi piace niente di come ha organizzato le vacanze Gianluca! Ha prenotato un albergo a quattro stelle, ma io pensavo che andassimo a fare campeggio. Non credevo che si spendesse così tanto! Siamo senza una lira! Per di più, l'albergo è al mare, ed io volevo che passassimo le vacanze tranquillamente, in montagna. A lui piace prendere il sole, ma a me no! Preferisco fare delle lunghe passeggiate nel bosco. E come se non bastasse, ha in programma di andare con altre quattro persone! E io pensavo che facessimo le vacanze da soli!

I. Vacanze in Sardegna. Ascoltare la seguente pubblicità per le vacanze in Sardegna. Poi scrivere una **X** accanto alle cose che sono menzionate nella pubblicità. Forse sarà necessario ascoltare la pubblicità più di una volta.

Che meraviglia! Le vacanze in Sardegna. Se venite con SmeraldaTour, vi offriamo di tutto il meglio. Alberghi di prima categoria con camere lussuose, piscina e jacuzzi. Per chi è sportivo, ci sono campi da tennis o biciclette a noleggio. Un mare stupendo con spiagge incantevoli! E la sera, ballate nella nostra discoteca 'Il faro'! Ci sono attività per tutti!

End of Unità 9.

Copyright © Houghton Mifflin Company. All rights reserved.

Unità 10

INCONTRI

A. Che facciamo di bello stasera? Read along by opening your text to pages 369–370. The conversation will be read without pauses. Listen to the **Incontro,** paying close attention to the speakers' intonation and pronunciation.

MARIO	Pronto? Ciao, Renata. Sono Mario. (#) Cosa fai stasera? Hai già combinato qualcosa? (#)
RENATA	Be', in verità non ho la più pallida idea... (#) Potremmo andare al cinema, (#) se fosse uscito qualche nuovo film interessante. (#)
MARIO	Lascia perdere il cinema per questa volta! (#) Perché non vieni con me a teatro? (#) Ho due biglietti per la commedia di Eduardo De Filippo. (#) Lo spettacolo debutta proprio stasera. (#)
RENATA	Se fossi in te, inviterei Antonella al posto mio. (#) Lei è quella appassionata di teatro! (#) Io preferisco il cinema e adoro i registi italiani. (#) O forse non ricordi più i miei gusti? (#)
MARIO	Cosa c'entra Antonella? Io voglio uscire con te! (#) Senti, e se andassimo a teatro questa sera e al cinema domani, ti andrebbe bene? (#)
RENATA	D'accordo. (#)
MARIO	Sai già che film vorresti vedere domani? (#)
RENATA	Aspetta, do un'occhiata al giornale... (#) All'Odeon danno un vecchio film di Francesca Archibugi (#)—è una storia drammatica, ma molto commovente. (#) All'Ariston c'è un film di Gabriele Salvatores, una storia di vecchi amici che fanno un viaggio in Marocco. (#) Ah, ho trovato! Al Nazionale c'è una rassegna di film di Visconti. (#) Domani danno *Rocco e i suoi fratelli.* (#) Se non l'hai ancora visto, non perderei questa occasione. (#)
MARIO	Ci sto! Mi piace Visconti. (#) A che ora inizia il film? (#)
RENATA	Alle venti e trenta. (#) Allora, scappo! Mi devo preparare per il teatro. (#) A più tardi, Mario! (#)

Now close your text. The conversation will be read a second time with pauses. Listen carefully and repeat what you hear, imitating the speakers' intonation and pronunciation.

B. Andiamo al concerto! Read along by opening your text to pages 378–379. The conversation will be read without pauses. Listen to the **Incontro,** paying close attention to the speakers' intonation and pronunciation.

LUCIA	Vorrei proprio tanto che tu venissi al nostro concerto. (#) Mi piacerebbe che tu mi ascoltassi suonare. (#)
CECILIA	Quando è il concerto? (#)
LUCIA	Alla fine del mese. (#) Ormai manca poco e io non mi sento ancora pronta: (#) ho sempre paura di prendere una stecca! (#)
CECILIA	Tu? Ma cosa dici? (#) Con il violino in mano tu fai miracoli, proprio come San Gennaro! (#)
LUCIA	Cecilia, non prendermi in giro! (#) Vorrei che tu non scherzassi sempre e mi prendessi sul serio, una volta tanto! (#) Abbiamo studiato tanto e ci siamo impegnati a fondo nelle prove, (#) perciò vorremmo che il concerto fosse perfetto. (#)
CECILIA	Lucia, stai tranquilla! Andrà tutto a gonfie vele. (#) Non devi preoccuparti e soprattutto, devi riposarti un po'. (#)

Copyright © Houghton Mifflin Company. All rights reserved.

LUCIA	Hai ragione—è ora di rilassarmi. (#) Dimmi, e tu che programmi hai per i prossimi giorni? (#)
CECILIA	Be'... a me e ai ragazzi della compagnia piacerebbe andare al concerto di Pino Daniele. (#) Lui suona musica un po' diversa da quella che suoni tu! (#)
LUCIA	In effetti è molto differente da Vivaldi! (#) Però quasi quasi vengo anch'io a sentire Pino Daniele. (#)
CECILIA	E io vengo al tuo concerto di musica classica. (#) Ma ti avverto, sono stonata come una campana. (#)
LUCIA	Cecilia, non è come il karaoke! (#) Non devi cantare, devi solo ascoltare! (#)

Now close your text. The conversation will be read a second time with pauses. Listen carefully and repeat what you hear, imitating the speakers' intonation and pronunciation.

C. Che giornataccia! Read along by opening your text to page 385. The conversation will be read without pauses. Listen to the **Incontro,** paying close attention to the speakers' intonation and pronunciation.

CECILIA	Ehi, ragazzi! Che giornataccia! (#) Questa mattina uno stupido gattone nero mi ha attraversato la strada. (#)
FRANCO	Che jella! (#)
CECILIA	E poi a scuola ho preso un votaccio di scienze, (#) a pranzo ho rovesciato la bottiglia di vino sulla tovaglia, (#) e questa sera il mio caro fratellino ha preso la mia auto senza chiedermi il permesso (#) e così io sono a piedi! (#) Qualcuno di voi mi ha fatto il malocchio? (#)
RINO	Ma, figurati! Possibile che capitino tutte a te? (#) Ieri ti ho chiamato, ma non eri a casa: (#) cosa hai fatto? (#)
CECILIA	Sono andata con Franco a comprare l'ultimo disco di Pino Daniele. (#) La sua musica è troppo forte! (#) Il concerto è piaciuto anche a te, vero, Lucia? (#)
LUCIA	Sì sì, ma non sopporto la musica a tutto volume. (#) E questa sera che facciamo? Un giretto in città? (#)
FRANCO	Perché non andiamo alla pizzeria che c'è vicino alla spiaggetta? (#) Dopo possiamo prenderci un gelato e mangiarlo in riva al mare. (#)
RINO	Io ci sto, e voi, ragazze? (#)
CECILIA	Che barba! In quel postaccio non c'è mai anima viva! (#)

Now close your text. The conversation will be read a second time with pauses. Listen carefully and repeat what you hear, imitating the speakers' intonation and pronunciation.

D. Andiamo a ballare! Read along by opening your text to page 392. The conversation will be read without pauses. Listen to the **Incontro,** paying close attention to the speakers' intonation and pronunciation.

CECILIA	Franco, passami la cassetta di Teresa De Sio così la ascoltiamo. (#)
FRANCO	Con la tua musica ci stai proprio stressando! (#) Sono stufo di sentire quelle canzoni (#) —le ascoltiamo da settimane! (#)
CECILIA	Tu non capisci un tubo di musica! (#)
FRANCO	E tu, pensa a guidare, piuttosto! (#) Sai come si dice: Donne al volante, pericolo costante! (#)
LUCIA	Che maschilista! (#)
RINO	Piantatela! (#) Dov'è la discoteca? Conoscete la strada? (#)
CECILIA	È un po' fuori mano: da qui ci vogliono quaranta minuti. (#) Prima di prendere la tangenziale è meglio che facciamo benzina. (#) Possiamo fare il pieno al distributore più avanti. (#)

Copyright © Houghton Mifflin Company. All rights reserved.

RINO	E chi paga? (#)
FRANCO	Stiamo freschi, allora! (#) Era meglio restare a casa mia. (#) Potevamo fare qualcosa di bello, prendere qualcosa da bere o andare a mangiare da "Gennarino." (#)
LUCIA	Com'è questa discoteca? È all'aperto? (#) Io non sono una brava ballerina... (#)
RINO	Non ti preoccupare, Lucia. (#) Se non vuoi scatenarti in pista, puoi sempre ballare i lenti con me. (#)
LUCIA	Con piacere! (#)
FRANCO	Senti, senti... Ehi, Cecilia! Va' piano! (#) Tieni le mani sul volante e non fare sorpassi! (#) La strada è pericolosa! (#)
CECILIA	Cavoli! Se non vuoi che guidi io, allora scendi pure! (#)
FRANCO	Scherzavo! (#) Per me tu guidi benissimo, (#) sei anche l'autista più carina che io conosca! (#)
LUCIA E RINO	Senti, senti... (#)

Now close your text. The conversation will be read a second time with pauses. Listen carefully and repeat what you hear, imitating the speakers' intonation and pronunciation.

ATTIVITÀ PER LA COMPRENSIONE

A. Un mestiere artistico. Le seguenti persone esercitano una professione artistica. Ascoltare bene quel che dice ciascuna persona riguarda la sua professione, e poi sottolineare il mestiere giusto.

MARCO	Mi piace moltissimo il mio lavoro. Sono un po' un attore, ma non vedo mai gli spettatori! Loro mi vedono ogni sera alla stessa ora, sullo stesso canale. È difficile essere un presentatore alla televisione, ma è anche molto bello. (#)
ANNABELLA	Mi è sempre piaciuto il teatro, ma non sono una brava attrice! Anzi, non riesco proprio a recitare! Invece, sono più a mio agio quando scrivo. Mi piace andare a teatro e scrivere poi un articolo per il giornale. Do la mia opinione a tutti, e la gente decide poi se andare o no a vedere un dramma. (#)
UGO	A me piace la musica. Devo dire che mi piace tutta—dalla musica classica alla musica rock. Però, la parte più importante per me è il ritmo. Da quando ero bambino, ho sempre suonato un tamburro, e ora che ho il mio proprio complesso, suono la batteria. (#)
FRANCESCA	Io sono molto espressiva. Mi piace essere sul palcoscenico davanti a un grande pubblico. Quando sento la musica, e comincio a muovermi, sono davvero felice. Certo, devo allenarmi molto per tenere il corpo agile, ma il balletto è la mia passione.

B. Come'era... ? Luisa ha passato dei giorni difficili. Ascoltare quel che racconta, facendo attenzione alle parole che sono modificate con suffissi. Poi indicare se le seguenti cose erano brutte, piccole o grandi.

È stata una settimana disastrosa—una vera settimanaccia! Prima di tutto, un gattino nero ha attraversato la strada davanti a me lunedì. Poi martedì c'era l'esame di storia, e ho preso un votaccio! Ho conosciuto un ragazzo sull'autobus, e meno male! Perché scendendo dall'autobus qualcuno ha cercato di rubare il mio zainetto, quello con i disegnini di Topolino, e quel ragazzone mi ha aiutato. È stato davvero carino.

C. Se fossi... Sentirai cinque frasi incompiute. Completare ciascuna frase in maniera logica, mettendo la lettera del complemento giusto.

1. Se fossi uno scrittore, (#)
2. Se fossi un'attrice, (#)

 Copyright © Houghton Mifflin Company. All rights reserved.

3. Se fossi un architetto, (#)
4. Se fossi un medico, (#)
5. Se fossi un musicista, (#)

D. Cosa facciamo di bello? Ascoltare la seguente conversazione tra due amici che discutono su che cosa fare stasera. Poi abbinare il nome della persona con quel che fa o vuole fare stasera.

ROSARIO Isabella, cosa vuoi fare stasera?
ISABELLA Perché non mangiamo una pizza? Una cosa veloce da "Gennarino." E tu, Rosario, che vuoi fare?
ROSARIO Preferisco uscire dopo cena. Andiamo a prendere un gelato da qualche parte. Magari Manuela e Alessandro possono venire con noi.
ISABELLA Manuela non può, perché stasera va a teatro. C'è una commedia di Eduardo al Teatro Stabile.
ROSARIO Allora chiamiamo Alessandro e Silvana.
ISABELLA Ho parlato con Silvana poco fa. Lei stasera va a ballare in discoteca. C'è una nuova discoteca, un po' fuori città!
ROSARIO Allora, chiamo Alessandro. So che lui vuole fare una passeggiata vicino al mare. Fa bello oggi, e stasera non farà freddo.
ISABELLA Senti, Rosario, andiamo a mangiare una pizza, e poi possiamo prendere quel tuo gelato famoso. Va bene?

E. Un padre "all'antico"... Il signor Giuliani è preoccupato; sta parlando con un amico di cosa vorrebbe che sua figlia facesse. Ascoltare quel che dice e indicare poi se le seguenti frasi sono vere o false.

SIGNOR GIULIANI Sono molto preoccupato perché mia figlia non vuole studiare. Vorrei che diventasse architetto come me, e che venisse a lavorare con me nel mio studio. Mi piacerebbe se lei vivesse a casa, e non in un suo appartamento. Ma lei ha altre idee! Vuole diventare attrice e viaggiare il mondo! Invece, vorrei che lei trovasse un buon marito, e che facessero qualche bambino. Mi piacerebbe essere nonno! Lei non ne vuole sapere! Vuole la sua libertà!

F. Andiamo al cinema. Roberto e Sandra vogliono andare al cinema stasera. Non sanno cosa vedere, così Sandra telefona al numero del Telecom per sentire cosa danno nei cinema. Mentre ascolti scrivere degli appunti riempendo le schede.

Seconda visione.
Stasera all'Ariston danno *L'uomo delle stelle,* un film di Tornatore. Alle ore venti e trenta e alle ventidue e trenta. (#)
In visione al Cinema Odeon *Io ballo da sola* di Bernardo Bertolucci, con Jeremy Irons. Spettacoli alle venti e alle ventidue. (#)
Venerdì e sabato sere al Cinema Augustus c'è *Le affinità elettive* dei fratelli Taviani, con Isabelle Huppert. Ora spettacoli: venti e trenta, e alle ventitré. (#)
Il Cinema Goldoni è chiuso per restauro. (#)

End of Unità 10.

Copyright © Houghton Mifflin Company. All rights reserved.

Unità 11

INCONTRI

A. Una relazione di letteratura. Read along by opening your text to pages 404–405. The conversation will be read without pauses. Listen to the **Incontro,** paying close attention to the speakers' intonation and pronunciation.

GIACOMO Hai trovato qualcosa in quell'enciclopedia? (#) Quest'antologia parla solo della narrativa del novecento. (#)

LUISA Sì, ma sull'enciclopedia ci sono capitoli e capitoli da leggere. (#) Non so proprio da che parte cominciare. (#)

GIACOMO Aspetta un attimo, bisogna affrontare tutto con calma. (#) Hai visto la figuraccia che hanno fatto oggi Elena e Gianni, no? (#) La loro relazione sembrava fatta coi piedi. (#) Non vogliamo fare come loro, vero? (#)

LUISA Ho un'idea, (#) perché tu non ti concentri sulla prosa, mentre io mi occupo della poesia? (#) A me piacciono più i poeti—Dante, Petrarca, Poliziano... (#)

GIACOMO Chi scrisse "Chiare, fresche e dolci acque," una poesia che mi piaceva tanto quando l'abbiamo studiata? (#)

LUISA Ma fu Petrarca, certo! (#) Ma come, mi prendi in giro? Non conosci le *Rime sparse*? (#)

GIACOMO Certo che le conosco! (#) Stavo scherzando! (#) Però, a dire il vero, preferisco mille volte di più scrittori come Boccaccio o Machiavelli che scrissero opere divertenti come il *Decameron* o *La Mandragola.* (#)

LUISA Ho visto una rappresentazione della *Mandragola* (#) l'anno scorso al Teatro della Pergola! Che buffo! (#)

GIACOMO Pensa, Machiavelli fu un uomo politico eppure scrisse delle commedie! (#) Quando lo mandarono poi in esilio a San Casciano, (#) si mise a scrivere *Il Principe*—una delle opere di letteratura italiana più conosciute in tutto il mondo. (#)

LUISA Ah, i nostri antenati mandarano tanti grandi scrittori in esilio (#)—pensa al povero Dante! (#)

GIACOMO Che scocciatura, non poter mai più tornare a casa! (#)

LUISA Davvero! Senti, allora, organizziamoci bene ora (#)—io parlerò un po' dell'origine del sonetto, la canzone, la terza rima. (#)

GIACOMO E io spiegherò che il romanzo come genere si sviluppò in un periodo successivo. (#) Non ci furono romanzi durante il Rinascimento, ma solo novelle. (#)

LUISA Ah, ecco, qui c'è un bellissimo libro che parla della tradizione novellistica. (#) To'! Prendilo! (#)

GIACOMO Mmm, è proprio interessante. (#) Si tratta di una raccolta di saggi. (#) Chissà se la nostra relazione piacerà al professore? Vorremmo tanto fare una bella figura! (#) Ma dobbiamo proprio parlare davanti a tutta la classe? Che fifa! (#)

Now close your text. The conversation will be read a second time with pauses. Listen carefully and repeat what you hear, imitating the speakers' intonation and pronunciation.

 Copyright © Houghton Mifflin Company. All rights reserved.

B. Chi si vede! Read along by opening your text to page 413. The conversation will be read without pauses. Listen to the **Incontro,** paying close attention to the speakers' intonation and pronunciation.

PAOLA	Chi si vede! (#)
FILIPPO	Ueh, Paola. Che fai qua? (#)
PAOLA	Ma io sono la proprietaria di questo bel posto! (#) Non lo sapevi? (#) Ho smesso di fare la scrittrice. (#) Sai com'è, ero stufa di non guadagnare mai una lira... (#) Però, come vedi, continuo a occuparmi di libri. (#) Ma dimmi, Filippo, stai cercando un libro in particolare? (#) Se vuoi, ti posso aiutare. (#)
FILIPPO	Prima di tutto, volevo comprare l'ultimo romanzo della Maraini. (#)
PAOLA	Come mi dispiace! È esaurito... (#) È in ristampa e la casa editrice ha promesso di rifornirmi presto. (#) Nel frattempo, ti posso suggerire io qualche nuovo titolo. (#) C'è una nuova collana dell'Einaudi con titoli molto interessanti. (#) Si tratta di autori nuovi, giovani scrittori alla loro prima opera. (#) Sai, ci sono anche dei miei amici. (#)
FILIPPO	Che bello! Mi interesserebbe molto... (#) mi consigli un titolo? (#)
PAOLA	Ma certo, ben volentieri! (#) Seguimi che li guarderemo... (#)
FILIPPO	Ma hai un mucchio di libri qui... È fornitissima questa libreria! (#)

(*Filippo sfoglia una rivista letteraria. Riconosce una foto di Paola.*)

FILIPPO	Ma non mi dire! Questa sei tu! (#)
PAOLA	Ah, sì. Ogni mese organizzo una serata letteraria. (#) Insomma, invito degli autori emergenti che parlano delle loro opere, o dei critici che recensiscono un libro. (#) Sono di grande successo, questi incontri. (#) A proposito, perché non partecipi anche tu la prossima volta? (#) L'ingresso è libero a tutti. L'importante è amare i libri. (#)
FILIPPO	Affare fatto. (#) Complimenti, Paola. Sei sempre stata una ragazza in gamba! (#) Ma davvero hai smesso di scrivere? Io non ci credo proprio. (#)
PAOLA	Be', qualcosa nel cassetto ce l'avrei... (#)

Now close your text. The conversation will be read a second time with pauses. Listen carefully and repeat what you hear, imitating the speakers' intonation and pronunciation.

C. All'edicola. Read along by opening your text to page 420. The conversation will be read without pauses. Listen to the **Incontro,** paying close attention to the speakers' intonation and pronunciation.

MATTEO	Buongiorno! Come andiamo oggi? (#)
GIORNALAIO	Ah, Signor Bellini. Le cose vanno di male in peggio. (#) Ha visto? Hanno annunciato nuove tasse! (#) Questo governo manderà tutto a rotoli! (#)
MATTEO	Eh, sì. Ho letto i titoli sui cartelloni in strada. (#) Che Le posso dire? (#) Secondo il governo, queste tasse sono proprio necessarie per la nostra economia... (#) Prendo *La Repubblica* e *Il Corriere.* (#)
GIORNALAIO	Sa che oggi con *Il Corriere* danno anche un inserto speciale sul cinema? (#)
MATTEO	Davvero? Ma è la terza pagina che mi interessa oggi. (#) Ci dovrebbe essere un articolo sulla narrativa della Seconda guerra mondiale. (#) È scritto da un mio amico. (#) Leggo sempre la sua rubrica perché le sue osservazioni sono molto intelligenti. (#)
GIORNALAIO	Senta, è uscito l'ultimo numero di *Autosport* (#)—in copertina c'è la nuova Maserati. (#) Se Le interessa, lo prenda pure. È lì tra i mensili. (#)
MATTEO	Accidempoli, che macchinone! (#) Va be', lo prendo, e a mia moglie ho promesso l'ultimo numero di *Amica.* (#)
GIORNALAIO	È esaurita, Signor Bellini. (#) Sa com'è, (#) c'è in omaggio una bella borsetta di plastica e le signore sono tutte corse a comprarla. (#)

Copyright © Houghton Mifflin Company. All rights reserved.

MATTEO	Non fa niente. Basta così, allora. (#)
GIORNALAIO	Sono £9.000 in tutto. (#)
MATTEO	Ecco a Lei. Grazie, e buongiorno. (#)
GIORNALAIO	Buongiorno e buona lettura! (#)

Now close your text. The conversation will be read a second time with pauses. Listen carefully and repeat what you hear, imitating the speakers' intonation and pronunciation.

D. Una lite davanti alla TV. Read along by opening your text to pages 426–427. The conversation will be read without pauses. Listen to the **Incontro,** paying close attention to the speakers' intonation and pronunciation.

TERESA	Passami il telecomando! (#)
GIANNI	Scusa, prego? Non vorrai mica cambiare canale proprio adesso? (#) Sto guardando *Tutto il calcio*! (#) Ehi, questa è davvero una notizia bomba! (#) Il Milan ha perso contro la Juve! (#)
TERESA	Se non ti dispiace, preferirei guardare il telegiornale. (#) Qualcuno di noi deve tenersi aggiornato su quello che succede nel mondo. (#) Oltre al mondo dello sport, s'intende! (#)
GIANNI	Aspettiamo il Tg 2 delle venti e trenta, va bene? (#) Chissà se oggi legge le notizie quella giornalista carina ... quella ragazza bionda con i capelli lunghi. (#)
TERESA	A me quella non piace affatto! (#) Si veste sempre con certi abiti scollati! (#)
GIANNI	Invece a me piace proprio. (#)
TERESA	Ci credo bene! (#) Comunque ora cambiamo canale, tanto è in onda la pubblicità. (#) Davvero, Gianni, sei così geloso del telecomando! (#) Ho letto un articolo che dice che gli uomini che vogliono controllare il telecomando sono... (#)
GIANNI	Zitta! Cosa sta dicendo l'annunciatrice? (#) Sentiamo quali sono i programmi della serata! (#)
L'ANNUNCIATRICE	Su Rai Uno alle venti e trenta andrà in onda la prima puntata del gioco a premi *Indovinala grillo*! (#) Alle ventitré potrete seguire Tg Uno Notte. (#) Su Rai Due alle venti e quaranta, dopo il telegiornale, (#) potete seguire il telefilm drammatico *Terrore nel buio.* (#) Su Rai Tre alle venti e trenta Riccardo Frizzi conduce il dibattito su "La politica dei giorni nostri." (#) Ringraziamo i telespettatori dell'ascolto (#) e vi auguriamo una buona serata. Buona visione! (#)
TERESA	Non c'è molta scelta... (#) Ma perché hai cambiato di nuovo canale? (#)
GIANNI	Accipicchia! Teresa, guarda! È tuo cugino Carlo! (#)
TERESA	Questa poi! Ma perché quel giornalista lo sta intervistando? (#) Dai, alza il volume! (#)

Now close your text. The conversation will be read a second time with pauses. Listen carefully and repeat what you hear, imitating the speakers' intonation and pronunciation.

Copyright © Houghton Mifflin Company. All rights reserved.

ATTIVITÀ PER LA COMPRENSIONE

A. La presentazione orale. Giovanni e Susanna devono fare una relazione sulla letteratura per la loro classe d'italiano. Ascoltare bene la loro conversazione e riempire le schede di appunti nel manuale del laboratorio.

GIOVANNI	Ecco, l'ho trovata! Elsa Morante nacque a Roma nel 1912. Inizia come giornalista. Il più famoso delle sue opere di narrativa è il romanzo *La Storia,* pubblicato nel 1974. È un romanzo che parla della Seconda guerra mondiale. Scrisse anche altri romanzi, ad esempio *L'isola di Arturo,* pubblicato nel 1957. Scrisse molto sulla vita dei bambini e dei giovani. Morì a Roma nel 1985.
SUSANNA	E qui ho trovato Calvino. Italo Calvino nacque in Cuba nel 1923. La sua prima opera si chiama *Il sentiero dei nidi di ragno,* un romanzo che parla della Seconda guerra mondiale in Italia, pubblicato nel 1947. È famoso per una trilogia che include *Il barone rampante,* pubblicato nel 1957. Il suo stile è spesso fiabesco e fantasioso. Si è anche dedicato alla critica letteraria. Morì a Siena nel 1985.

B. Buona lettura! Gregorio vuole comprare dei libri come regali per i suoi parenti. Ascoltare bene la conversazione fra Gregorio e la sua amica Anna. Sono alla libreria Magna Carta. Poi abbinare il/la parente con il libro che Gregorio sceglie per lui o lei, scrivendo la lettera appropriata accanto al nome.

GREGORIO	Anna, non so proprio cosa fare. Domani è Natale e non ho ancora comprato un regalo! Vorrei regalare dei libri, ma ho bisogno di consigli.
ANNA	Non ti preoccupare, ti aiuto io! Entriamo!
GREGORIO	A mia nonna piace molto l'architettura.
ANNA	Ah, ecco. C'è questo libro sulle ville del Veneto—è stracolmo di fotografie bellissime, di giardini stupendi, di mobili antichi.
GREGORIO	Perfetto. E per mio fratello Marco... È un intellettualone, gli piace la filosofia...
ANNA	C'è quest'ultimo di Vattimo. Lo conosce, no?
GREGORIO	No, ma fa lo stesso, lo prendo. E il mio nipote, Robertino, ha solo quattro anni...
ANNA	Un libro di fumetti! *Topolino e amici,* to'!
GREGORIO	Be', c'è ancora la zia Angelina...
ANNA	Guarda, c'è questo nuovo romanzo della Maraini. L'ho letto e le piacerà di sicuro! E poi?
GREGORIO	L'ultimo è per mio padre. Ama molto la storia moderna.
ANNA	È appena uscito questo studio sulla Repubblica italiana, dal dopoguerra fino ai giorni nostri. Interessantissimo! Ancora?
GREGORIO	Basta così! Mille grazie, Anna! Sei una vera amica! Mamma mia! Devo anche prendere un regalo a te!

C. Una poesia di Lorenzo de' Medici. Ascoltare bene la seguente poesia di Lorenzo de' Medici e riordinare le parole nel manuale del laboratorio per formare i quattro versi. Forse sarà necessario ascoltare la poesia più di una volta.

Quant'è bella giovinezza,
Che si fugge tuttavia,
Chi vuol essere lieto, sia!
Di doman non c'è certezza!

Copyright © Houghton Mifflin Company. All rights reserved.

D. Il giornale-radio. Ascoltare le seguenti notizie radiofoniche. Indicare con una **X** gli argomenti che sono riportati.

VOCE DI UOMO	Ore tredici. Ecco le notizie del giorno. Il maltempo provoca ancora disagi nel nord. Piogge forti e temporali hanno causato valanghe. Strade bloccate a Bolzano e a Brescia. (#) Treni ancora fermi. Lo sciopero dura oggi dalle sette di stamattina fino alle ore venti di stasera. Nuove trattative tra sindacati e governo. (#) Il problema ozono colpisce ancora il centro Italia. Particolarmente gravi le condizioni nelle città. A Bologna, Firenze e Roma non devono uscire i bambini e gli anziani durante le ore più calde della giornata. (#) Un incidente stradale ha causato la morte a tre persone ieri notte sull'Autostrada del Sole. (#) La politica si rallenta. Anche i politici si stanno preparando alle vacanze estive di Ferragosto; il governo fa pausa. (#)

E. Una notizia bomba! Laura torna a casa e chiede al marito se ha visto il telegiornale. Lei vuole sapere le notizie. Ascoltare la loro conversazione, e poi indicare con una **X** quali delle notizie elencate nel manuale del laboratorio sono state riportate.

LAURA	Giorgio, hai visto il Tg stasera?
GIORGIO	Sì, amore. Cosa vuoi sapere?
LAURA	Tutto! Sono due giorni che non leggo un giornale!
GIORGIO	Allora, ha detto che il governo avrebbe ridotto le tasse e che l'inflazione si era abbassata questo mese.
LAURA	Davvero! Che meraviglia! Hanno dato anche le notizie sportive?
GIORGIO	Sì. Hanno detto che la Juve aveva perso ieri contro l'Inter.
LAURA	Ancora! Che disastro! E le previsioni del tempo?
GIORGIO	Ha annunciato che da domani verrebbe tempo bello, con cielo sereno.
LAURA	Meno male!
GIORGIO	E senti questo: ha annunciato che Pavarotti aveva cantato a Londra ed era un vero fiasco!
LAURA	Mamma mia! Questa sì che è una notizia bomba!

F. La relazione. Annamaria presenta alla sua classe una relazione sul Rinascimento. Ascoltare la sua presentazione e prendere appunti. Poi rispondere alle domande nel manuale del laboratorio, basandosi sulle informazioni presentate. Leggere le domande prima di cominciare.

ANNAMARIA	Il Rinascimento fu un periodo di grande sviluppo artistico e letterario. Era il periodo della città-stato in cui grandi progetti di costruzione svilupparono le città italiane. Architetti come Arnolfo di Cambio e Brunelleschi diedero una nuova impronta all'urbanistica, particolarmente a Firenze. Personaggi come Botticelli, Michelangelo e Leonardo fecero le loro opere d'arte per i grandi mecenati. Tra quest'ultimi, Lorenzo de' Medici fu uno dei più importanti. Ma Lorenzo fu anche poeta e capo di stato. Firenze è chiamata "la culla del Rinascimento" perché tanti scrittori e artisti nacquero proprio lì. Firenze fu anche un centro commerciale, e il fiorino era la moneta più importante in tutta l'Europa.

End of Unità 11.

 Copyright © Houghton Mifflin Company. All rights reserved.

Unità 12

INCONTRI

A. Un dibattito tra amici. Read along by opening your text to page 443. The conversation will be read without pauses. Listen to the **Incontro,** paying close attention to the speakers' intonation and pronunciation.

ANDREW	Ce la sto mettendo tutta, ragazzi, (#) ma devo dire che non capisco un tubo della politica italiana! (#)
PIERRE	Ma come?! (#) In Italia regnò la monarchia fino al periodo della Seconda guerra mondiale, (#) e poi diventò una repubblica parlamentare... (#)
GIULIANA	Con tanti problemi: la disoccupazione, l'inquinamento, la droga... (#)
MARGARETHE	Dai, Giuliana! Non essere così pessimista! (#) Ci sono problemi economici, sociali e ambientali in ogni paese. (#) Per esempio il problema dell'immigrazione... (#) Gli immigrati dai paesi extraeuropei rappresentano una nuova realtà che tutta l'Europa deve affrontare. (#)
PIERRE	Ecco perché dobbiamo impegnarci a capire ed apprezzare non solo i sistemi politici di tutti i paesi, (#) ma anche i costumi della gente, i problemi sociali. (#) Vogliamo essere cittadini del mondo, no? (#)
ANDREW	Che idealista! (#) Il maggiore problema che devo affrontare io è l'esame di domani sulla Costituzione italiana! (#)
GIULIANA	Ma dai, Andrew! (#) Non sai ancora che il primo articolo della Costituzione italiana dice che l'Italia è una Repubblica democratica fondata sul lavoro? (#) Cosa c'è che non capisci? (#)
ANDREW	Va be', va be'... (#)
PIERRE	Guarda che ti sbagli, Andrew. Non sono affatto idealista! (#)
GIULIANA	E io non sono pessimista! Siamo realisti, tutti e due. (#)
MARGARETHE	Per quanto riguarda la Germania, vi posso garantire che i giovani si impegnano molto nella politica. (#) Ci sono spesso manifestazioni, proteste... (#)
ANDREW	Invece, a me sembra che siate dei grandi sognatori. (#) Parlate sempre di come cambierete il mondo! (#)
GIULIANA	E allora, scusa, perché hai deciso di studiare la politica? (#)
PIERRE	Non te la prendere, Giuliana. (#) Andrew è solo un po' nervoso per l'esame di domani. (#)
ANDREW	E tu, m'immagino, studi perché diventerai la prima donna italiana Presidente del Consiglio! (#)
GIULIANA	Ci stavo proprio facendo un pensierino.... (#)

Now close your text. The conversation will be read a second time with pauses. Listen carefully and repeat what you hear, imitating the speakers' intonation and pronunciation.

B. Due mondi a confronto. Read along by opening your text to pages 450–451. The conversation will be read without pauses. Listen to the **Incontro,** paying close attention to the speakers' intonation and pronunciation.

ANGELO	Mi stupisco di quante macchine di gran lusso vedo in giro! (#) E che eleganza! (#) Si vede che l'Italia è un paese dove si sta veramente bene. (#)
EMILIO	Ma non è detto. Le apparenze ingannano... (#) la disoccupazione in Italia è grave e l'economia è un po' in crisi. (#)

Copyright © Houghton Mifflin Company. All rights reserved.

CARA — Sì, ma io stavo leggendo il giornale ieri (#) e diceva che più del sessanta per cento delle famiglie italiane hanno una seconda casa! (#) Da noi, non è così. (#)

EMILIO — Ma voi negli Stati Uniti vivete una vita splendida! (#) Vediamo i vostri film e programmi alla televisione (#) ... *Beautiful* e *Beverly Hills*. Altro che l'Italia! (#)

CARA — Ma Emilio! Quei programmi non riflettono per niente i veri valori della vita americana! (#) Sono esagerazioni! (#)

EMILIO — Sarà, ma guarda che io mi accontenterei di una bella villetta con giardino, due macchine... (#)

ANGELO — Figurati! (#) E io allora, sai cosa me ne farei del tuo appartamento (#) qui al centro di Roma con la vista sul Colosseo? (#) Me lo godrei tanto! (#)

EMILIO — Credo che mi piacerebbe vivere negli Stati Uniti. (#) L'unico problema, ecco, sarebbe il lavoro. (#) Si dice che in America vivete per lavorare, (#) mentre noi in Italia lavoriamo per vivere. (#)

CARA — Queste frasi fatte! Io ne ho sentita un'altra: (#) cioè che in Italia vivete per mangiare, mentre noi in America mangiamo per vivere! (#)

ANGELO — Quanti stereotipi! (#) Invece, mi piacerebbe sapere, Emilio, cosa pensi veramente della vita in Italia. (#) Come vive l'italiano medio? (#)

EMILIO — Così, su due piedi, non saprei come risponderti. (#) Cercherò comunque di farti un quadro, anche se sarà banale e generalizzato. (#) L'italiano medio ama tanto la famiglia e trascorre molto tempo con i figli e con i parenti. (#) Di solito la famiglia mangia tutta insieme. (#) È inutile ripeterlo: in Italia si mangia bene. (#) L'italiano ama il calcio e tifa normalmente per la squadra della sua città. (#) Legge il giornale tutti i giorni ed è abbastanza informato sulla politica nazionale. (#) All'italiano medio piace stare in compagnia, uscire e prendere il caffè al bar. (#) Gli amici—cioè i legami personali, affettivi, sono un valore prezioso. (#) E non dimentichiamo le vacanze estive: (#) in agosto, tre settimane sotto il sole del mare, o in montagna a riposarsi. (#)

ANGELO — E qual è l'immagine che hai tu dell'americano medio? (#)

EMILIO — Be'... Dollari, hamburger e Cocacola! (#)

CARA — Questo, caro cugino, è davvero uno stereotipo banale! (#) Ci stai prendendo in giro! (#)

Now close your text. The conversation will be read a second time with pauses. Listen carefully and repeat what you hear, imitating the speakers' intonation and pronunciation.

C. Quanti stereotipi! Read along by opening your text to pages 457–458. The conversation will be read without pauses. Listen to the **Incontro,** paying close attention to the speakers' intonation and pronunciation.

EMILIO — E ora raccontatemi voi qualcosa sull'immagine degli italiani che vivono all'estero. (#)

ANGELO — Cosa ti interessa sapere, (#) oltre al fatto che non hanno mai rinunciato a mangiare gli spaghetti e i polpettini? (#)

CARA — Aspetta un attimo, (#) vuoi sapere qualcosa dell'immagine che noi americani abbiamo degli italiani, o degli italo-americani? (#) Perché secondo me, molte persone si sbagliano, (#) e pensano che la cultura italo-americana coincida con quella italiana. (#)

EMILIO — Cioè, credono che non ci siano differenze tra le "Little Italy" delle città americane e l'Italia reale? (#)

ANGELO — Esatto! (#) A mio parere, è molto complicato paragonare due culture come quella italiana e quella italo-americana (#)—sembra facile, ma non lo è per niente. (#) Io sono di origine italiana (#) e mi dà molto fastidio quando certe persone credono che tutti gli italiani o gli italo-americani siano nella mafia, o coinvolti in storie di mafia. (#) È offensivo. (#)

EMILIO — Ma davvero la pensano così? (#) Be', sono persone piene di pregiudizi contro l'Italia. (#) Parlano a cuor leggero e non dimostrano molta intelligenza. (#)

Copyright © Houghton Mifflin Company. All rights reserved.

CARA	Ma no, solo che molti film (#)—anche film famosi e belli come *Il Padrino*—(#) hanno contribuito a formare l'immagine degli italo-americani visti come gangster. (#) Li fanno sembrare dei malviventi. (#)
EMILIO	Come Al Capone! (#)
ANGELO	Invece, c'è da dire che oramai, da generazioni, gli italo-americani si sono completamente integrati nella cultura americana. (#) Molto spesso non parlano più né la lingua italiana né il dialetto dei nonni. (#) Addirittura sanno a malapena in quale regione d'Italia si trovano le radici del loro albero genealogico! (#)
EMILIO	Che peccato! (#)
CARA	È vero. (#) Ma io devo riconoscere anche il contributo che gli italo-americani hanno dato alla società americana. (#) Nel campo della musica, da Sinatra a Henry Mancini a Madonna; (#) nel cinema con registi come Frank Capra, Martin Scorsese, Francis Ford Coppola e Quentin Tarantino; (#) o nell'arte—ad esempio, l'artista Frank Stella. (#)
ANGELO	Per non parlare di sport: (#) da Joe DiMaggio a Joe Montana, sono delle vere icone! (#) E non dimentichiamo la politica. (#) Tanti senatori e governatori sono d'origine italo-americana! (#)
EMILIO	Ma finora nessun italo-americano è stato eletto presidente. (#)
ANGELO	Non ancora... (#)

Now close your text. The conversation will be read a second time with pauses. Listen carefully and repeat what you hear, imitating the speakers' intonation and pronunciation.

D. Un brindisi al futuro! Read along by opening your text to page 463. The conversation will be read without pauses. Listen to the **Incontro,** paying close attention to the speakers' intonation and pronunciation.

BRUNO	Guardate questa vecchia foto! (#) Vi ricordate come sognavamo il nostro futuro? (#) Eravamo proprio buffi, non vi pare? (#)
PATRIZIA	Nemmeno per sogno! Alberto era piuttosto carino... (#)
FRANCO	Si sa, voi ragazze eravate tutte innamorate di lui! (#)
ALBERTO	Ma ero uno secchione! (#)
PATRIZIA	Eppure si sapeva già che avresti fatto carriera! (#)
ALBERTO	Però, direi che anche voi non siete stati con le mani in mano. (#) Tu hai fatto carriera come avvocato; (#) Bruno e Viviana sono liberi professionisti; (#) Franco lavora come ricercatore all'università (#) ed Elena è un'ottima interprete a Bruxelles. (#)
ELENA	Che fine hanno fatto Giulio e Maria? (#)
BRUNO	So che Maria lavora in Germania per una grande compagnia. (#) È sempre stata un tipo in gamba. (#)
VIVIANA	Ogni tanto Giulio mi chiama da Madrid. (#) Si è sposato con una ragazza spagnola. (#) Alberto, sai già quando parti? (#)
ALBERTO	Appena si conoscerà la data della partenza, te la farò sapere. (#) Vorrei ancora trascorrere qualche giorno in santa pace, prima di occuparmi del nuovo lavoro. (#)
ELENA	Cosa ti mancherà di più dell'Italia? (#)
ALBERTO	Le cose che si fanno qui normalmente, (#) come fermarsi al bar con gli amici per un caffè, (#) parlare di calcio il lunedì mattina, andare al mercato... (#)
BRUNO	Ehi, non parlerai sul serio? (#) Guarda che vai ad abitare a Londra, mica sulla luna! (#)
FRANCO	Un attimo di attenzione, per favore! (#) Si fa questo brindisi, sì o no? (#) Io propongo di brindare alla carriera di Alberto, (#) perché tenga alta la bandiera tricolore, come si suol dire! (#)
VIVIANA	Ad Alberto! Congratulazioni! (#)
TUTTI	Al futuro ambasciatore! (#)
ALBERTO	Allora, ragazzi, ci si rivede tutti a Londra! (#)

Copyright © Houghton Mifflin Company. All rights reserved.

Now close your text. The conversation will be read a second time with pauses. Listen carefully and repeat what you hear, imitating the speakers' intonation and pronunciation.

ATTIVITÀ PER LA COMPRENSIONE

A. Il futuro politico. Quando i candidati ad un ufficio pubblico parlano al pubblico, fanno delle promesse. Scrivere tre promesse tipiche dei candidati. Poi ascoltare il discorso che fa una candidata prima delle elezioni. Indicare con una **X** solo le cose che lei promette di fare.

SIGNORA Non sono qui stasera a promettervi chissà che cosa. Dobbiamo essere realisti. Però ci sono alcune cose che dobbiamo impegnarci a fare. Prima di tutto, dobbiamo creare più posti di lavoro! E non possiamo dimenticare quelli che magari non lavorano: i vecchi e i giovani. Abbiamo l'obbligo di provvedere ai nonni e ai bambini con più assistenza sociale. Una delle prime cose che farò, se sarò eletta, è migliorare le scuole. E in fine, vi dico, che se sarò eletta, farò di tutto per migliorare le condizioni per la donna. Dobbiamo includere più donne al governo, e così spero che mi voterete alle prossime elezioni!

B. Due mondi a confronto. Due cugini stanno paragonando la vita degli studenti negli Stati Uniti con quella degli studenti italiani. Gina è americana e Carlo è italiano. Ascoltare la loro conversazione e scrivere **USA** accanto alle affermazioni che riguardano la vita americana e una **I** accanto a quelle che riguardano la vita italiana.

CARLO Certo che la vita di uno studente americano è ben diversa dalla vita qui in Italia!
GINA Perché?
CARLO In Italia frequentiamo il liceo fino a 19 anni.
GINA E poi sono quattro anni all'università?
CARLO Non necessariamente. Dipende da quanti esami si danno. E i nostri esami sono orali. In compenso, scriviamo una tesi.
GINA Negli Stati Uniti viviamo nel campus, in un dormitorio. Molti studenti lavorano part-time, e quasi tutti lavorano d'estate.
CARLO Invece qui da noi, non è così. Abitiamo a casa con i nostri genitori ed è raro che si lavori mentre si studia. I posti di lavoro non ci sono!
GINA Beati voi! Non dovete lavorare mentre studiate! All'università americana noi abbiamo molte attività come la musica, il teatro e lo sport.
CARLO Che bello! Invece in Italia è raro trovare delle attività organizzate dall'università, anche se noi giovani ci organizziamo lo stesso a fare sport e musica. Mi piacerebbe fare un anno di studio negli Stati Uniti!
GINA E a me piacerebbe studiare qui in Italia!

 Copyright © Houghton Mifflin Company. All rights reserved.

C. Parla il Presidente. Il Presidente del Consiglio sta parlando ai giornalisti ad una conferenza stampa (*press conference*). Lui sta elencando i maggiori problemi che la società italiana deve affrontare. Mettere un numero accanto ai problemi elencati nel manuale del laboratorio nell'ordine in cui il Presidente li considera.

VOCE DI UOMO Ultimamente abbiamo affrontato anche una crisi di governo, comunque la politica interna non è fra i nostri più grandi problemi. Invece, dobbiamo impegnarci a rimediare il problema della disoccupazione: ogni italiano ha il diritto di lavorare. L'Italia è una repubblica fondata sul lavoro. Vogliamo offrire ai giovani la possibilità di un futuro con un lavoro. Un'altra crisi che riguarda proprio i giovani è la droga: questo sì che è un problema che va affrontato, e subito. Vorrei tranquillizzare il pubblico italiano su un altro punto: l'influsso di extracomunitari in Italia. Il mio governo prende molto sul serio i problemi degli immigrati, e cercheremo di affrontare questo nuovo momento della storia italiana insieme. Il mio è anche un governo verde: siamo impegnati per migliorare l'ambiente. L'inquinamento è un grave problema: l'Italia è piccola, e siamo in tanti. Dobbiamo essere in tanti a salvarla. E in fine, ripeto la mia promessa di salvaguardare il tesoro culturale nazionale. Abbiamo una grossa responsabilità in Italia di mantenere i beni culturali. Non dimentichiamo la ricchezza naturale e culturale che abbiamo, e lavoriamo insieme a mantenerla!

D. Cruciverba. Ascoltare i seguenti indizi e scegliere la risposta giusta dalle parole date. Inserire le parole nella cruciverba.

Orizzontali (#)

2. In politica, un gruppo di persone che pensano allo stesso modo (#)
4. Il diritto di ogni cittadino di scegliere i propri rappresentanti (#)
5. Persone che vogliono conservare l'ambiente (#)
6. Il processo quando il popolo sceglie i nuovi leader politici (#)

Verticali (#)

1. Il Presidente del Consiglio è capo di questo (#)
2. Chi ha in mano questo, comanda (#)
3. Un gruppo di nazioni dell'Europa (#)

E. Intervista col Sindaco. Prima di ascoltare la seguente intervista con un sindaco di una piccola città italiana, leggere le domande. Prendere appunti mentre ascolti. Poi rispondere alle domande con frasi complete.

SIGNORE Buongiorno, signora Sindaco.
SIGNORA Buongiorno.
SIGNORE Ci dica, per Lei, qual è il problema più grande che la sua città affronti?
SIGNORA Sembrerà forse un problema "piccolo," ma non lo è per niente: il traffico. Il traffico causa enormi problemi non solo ambientali, ma anche commerciali. Ha mai provato ad attraversare la città a mezzogiorno e mezzo? Praticamente impossibile.
SIGNORE E come pensa di risolvere questo problema?
SIGNORA Abbiamo già un'iniziativa che richiede che chi non deve viaggiare in auto prende i mezzi pubblici. Poi alterniamo le targhe delle macchine: un giorno pari, un giorno dispari.

Copyright © Houghton Mifflin Company. All rights reserved.

SIGNORE	Ci dia il suo parere sul restauro di Palazzo Martini. C'è stata una polemica.
SIGNORA	In effetti si è discusso molto questo progetto di restauro. C'è chi dice che hanno rovinato il palazzo. Però, il vecchio edificio è stato modernizzato ed ora è funzionante. Per forza c'è stato un compromesso—di stili, di gusti, di autenticità.
SIGNORE	Un altro argomento che potrebbe commentare, signora Sindaco: quali saranno i Suoi nuovi progetti per la città? Che cosa vuole veramente riuscire a fare?
SIGNORA	Per prima cosa, vogliamo creare un'isola pedonale più ampia in centro. Bisogna limitare il traffico, e dare al cittadino e al turista la possibilità di camminare senza respirare solo l'inquinamento. Poi, come progetto urbanistico, abbiamo in programma la creazione di un nuovo centro sportivo, in periferia. E tanto per concludere "in bellezza," come si suol dire, vorrei dire a tutti i cittadini che abbiamo un bellissimo programma di concerti all'aperto per quest'estate. Sono gratis, e avremo tanti artisti conosciuti. Spero di vedervi ai concerti!
SIGNORE	Grazie, signora Sindaco.
SIGNORA	Prego, si figuri.

End of Unità 12.

 Copyright © Houghton Mifflin Company. All rights reserved.

Answer Key for the Laboratory Manual

Unità preliminare

Per la pronuncia

A. j, k, w, x, y

B. 1. Fiat 2. Vinci 3. zamboni 4. grazie 5. taxi

Attività per la comprensione

C. 1. Formal 2. Informal 3. Formal

D. 1. Enrico: Napoli; Liliana: Ancona
2. Dottor Galletti: Pisa; Signore: Brescia
3. Maria Castoldi: Torino; Alberto De Santis: Firenze

E. 3, 4, 5, 2, 1

F. 1. 4, quattro 2. 6, sei 3. 15, quindici 4. 10, dieci 5. 18, diciotto 6. 7, sette 7. 23, ventitré 8. 31, trentuno

G. 1. 37.52.68 2. 45.62.15 3. 23.71.18 4. 84.05.96

Unità 1

Per la pronuncia

C. 1. H 2. S 3. H 4. S 5. H 6. S 7. H 8. S 9. H 10. H 11. H 12. H

Attività per la comprensione

F. lunedì: andare a fare lo shopping in Via Condotti
martedì: visitare il Vaticano
mercoledì: incontrare Marco e Riccardo
giovedì: ballare in discoteca
venerdì: visitare il Pantheon e Piazza Navona
sabato: visitare il Colosseo e il Foro romano

G. Volo: Alitalia 79
Destinazione: New York
Cognome: Rienzi; Nome: Davide
Residente in: Via Mazzini, 62
Città: Roma; Nazione: Italia
Telefono: 21.15.46
Professione: Professore d'inglese

H. *Vita di Galilei:* dal 17 marzo al 2 aprile
Sei personaggi in cerca d'autore: dal 22 febbraio al 10 marzo
Filumena Martorana: dal 6 aprile al 23 aprile
Mistero buffo: dal 27 aprile al 14 maggio

I. Teresa: compleanno, 11 settembre; 65 anni
Gianni: compleanno, 13 maggio; 33 anni
Salvatore: compleanno, 17 luglio; 20 anni
Enza: compleanno, 22 gennaio; 17 anni

Unità 2

Per la pronuncia

B. 1. scuola 2. isola 3. libro 4. repubblica 5. macchina 6. psicologo 7. bambino 8. stereo 9. piccolo 10. amico 11. simpatica 12. semplice 13. compito 14. domanda 15. difficile

Attività per la comprensione

C. zaino, quaderni, penne, matite, bicicletta

D. 3

E. Aggettivi: sportivo, aperto, serio, tranquillo, attivo, contento
Gli piace: parlare con altri studenti, viaggiare, lingue straniere, studiare

F.

	Vincenzo	**Elisa**
leggere	non piace	piace
i compiti	non piacciono	
la matematica	piace	
la poesia	non piace	piace
i bambini		piacciono
viaggiare	piace	

G. 1. S 2. S 3. L 4. L 5. L 6. S 7. S 8. L

H. lunedì: dentista 4.30
martedì: lezione d'inglese 11.00, vedere professor Lostracco 2.15, gelato con Giulia 4.00
mercoledì: giocare a tennis 5.30
giovedì: studiare in biblioteca con Marco 12.00–6.00
venerdì: esame 9.00
sabato: ballare con Giulia 22.00

Copyright © Houghton Mifflin Company. All rights reserved.

Unità 3

Per la pronuncia

B. Triphthongs: i miei, i tuoi, i suoi

C. 1. pieno 2. miei 3. viene 4. sono 5. sei 6. po' 7. nera 8. fiore

D. Words with diphthongs: 1, 3, 5, 7, 8

Attività per la comprensione

E. 1. Come ti chiami? / Come si chiama? 2. Quanti anni hai? / Quanti anni ha? 3. Di dove sei? / Di dov'è Lei? 4. Come stai? / Come sta? 5. Quanto costa? 6. Che ora è? / Che ore sono? 7. Qual è la data? 8. Qual è il tuo/Suo numero di telefono?

F.

		Deve fare	Vuole fare
1.	andare al cinema		B
2.	studiare per un esame	G	
3.	finire un libro		B
4.	andare in centro	G	
5.	fare delle commissioni	B	
6.	spedire un pacco	B	
7.	comprare un regalo		G

G. Val d'Aosta: nevica, 3°
Veneto: piove, 10°
Roma: nuvoloso, 15°
Napoli: sole, 17°
Sicilia: vento, 18°

H.

padre: Filippo	nipote, figlio di Rosa: Pino
nonno: Gianni	fratello: Maurizio
sorella: Rosa	nipote, figlia di Maurizio: Barbara

I. stanze: 4; bagni: 2; piano: terzo; terrazza? sì; cucina? sì; sala da pranzo? no; soggiorno? sì; affitto: £ 800.000

Unità 4

Attività per la comprensione

D. 1. a 2. b 3. a 4. a 5. b

E. 1. Ha le lire. 2. Vuole i dollari. 3. Il cambio è a millecinquecentosessanta lire. 4. Vuole cambiare ottocentocinquantamila lire. 5. Riceve cinquecentoquaranta dollari in tutto.

F. 1. Presente 2. Passato 3. Presente 4. Passato 5. Passato

G. 1. A 2. R 3. R 4. R 5. A 6. R 7. A 8. R

H. 1. sì, una 2. sì, mezzo chilo 3. sì, tre 4. no 5. no 6. sì, cinque 7. sì, due chili 8. sì, due

Unità 5

Per la pronuncia

C. 1. Pisa 2. rossa 3. cozze 4. naso 5. pazzo 6. riso 7. compressa 8. prezzi

Attività per la comprensione

D. Padre: gli gnocchi, filetto al pepe verde, patate fritte
Madre: lasagne al forno, scampi alla griglia, insalata, tiramisù
Giuseppe: spaghetti alle vongole, scampi alla griglia, gelato

E. Mangiare: la verdura, l'insalata, il melone, l'uva, il sorbetto
Non mangiare: la pasta, le patate, le banane, il gelato
Bere: l'acqua, il caffè
Non bere: il vino, il latte

F. Cliente 1: cappuccino, £1800; brioche, £2000. Total: £3800.
Cliente 2: caffè, £1600; acqua, £800; due tramezzini, £5600. Total: £8000.
Cliente 3: aperitivo, £2500; tè, £1200; panino, £3500. Total: £7200.

G. posate, piatti, bicchieri di cristallo, le tazze per il caffè, un vassoio di cristallo, un vaso per fiori

H. 6, 5, 7, 4, 2, 1, 3
cuocere bene ma non troppo gli spaghetti (al dente); comprare del buon parmigiano; comprare delle uova fresche fresche

Copyright © Houghton Mifflin Company. All rights reserved.

Unità 6

Attività per la comprensione

C. Answers not crossed out: andare in barca a vela, prendere il sole, andare ai musei
Other activities: suonare il pianoforte, vedere la televisione

D. Portare: il binocolo, una bottiglia di acqua, le giacche a vento
Non portare: una bussola, la cartina, un coltello, la macchina fotografica

E. 3 dama 4 calcio 1 stai 2 scultura

F. 1. d 2. c 3. a 4. e 5. b

G. 1. F 2. F 3. T 4. T 5. F 6. F

H. 1, 3, 5, 6, 8

Unità 7

Per la pronuncia

C. 1. sette 2. tuta 3. vene 4. cassa 5. ala
6. bevve 7. note 8. ecco 9. papa 10. nonna
11. saremmo 12. tono

Attività per la comprensione

D. 2, 4, 1, 3

E. Giacomo Bellini; 52.39.60; i brividi e una temperatura; i dolori alla schiena
Margherita Rossi; 67.68.92; quando mangia, ha mal di stomaco; non ha temperatura; mal di testa; ha preso delle aspirine
Cristina Oddone; 46.72.15; figlia Angela ha la febbre e una tosse. Influenza?

F. 1. Alfredo + 2. Alfredo + 3. Enzo +
4. Alfredo + 5. Enzo + 6. Alfredo –

G. 4, 1, 5, 3, 7, 6, 2

H. 1. T 2. F 3. F 4. T 5. T 6. F 7. F

I. 1. comando 2. domanda 3. comando
4. comando 5. domanda 6. comando

Unità 8

Attività per la comprensione

D. 3 (Roberto), 6 (Mattia), 1 (Isabella), 5 (Enrica), 2 (Giovanni), 4 (Marilina)

E. 1. certezza 2. dubbio 3. dubbio 4. certezza
5. dubbio 6. certezza

F. 3, 4, 1, 2

G. 1. Buongiorno 2. interessato 3. legge
4. diventare 5. curriculum 6. esperienza
7. stage 8. studio legale 9. Me la cavo
10. utile 11. si laurea 12. esami 13. In bocca al lupo

H. 1. Si usa il computer. 2. Si può scegliere quante ore può o vuole lavorare. 3. Sì, si può lavorare di notte. 4. No, non c'è bisogna di una macchina. 5. Si fa il lavoro a casa.

Unità 9

Attività per la comprensione

F. 1. 11:30 2. 15 3. andata e ritorno 4. £ 53.000
5. 2 hours, 15 min. 6. Intercity

G. I: Prego, volo M: biglietto I: due posti, finestrino; D'accordo M: bagaglio a mano
I: la carta d'imbarco, sala d'attesa; buon viaggio

H. al campeggio, da soli, in montagna, spendere poco, fare lunghe passeggiate

I. piscina, discoteca, campi da tennis, attività per tutti, spiagge incantevoli, camere lussuose, jacuzzi, biciclette a noleggio

Copyright © Houghton Mifflin Company. All rights reserved.

Unità 10

Attività per la comprensione

A. 1. c 2. b 3. a 4. c

B. 1. brutta 2. piccolo 3. brutto 4. piccolo 5. piccoli 6. grande

C. 1. b 2. d 3. e 4. c 5. a

D. 1. c 2. b 3. e 4. a 5. d

E. 1. F 2. V 3. F 4. F 5. V 6. F

F. Ariston: *L'uomo delle stelle;* Tornatore; 20.30, 22.30
Odeon: *Io ballo da sola;* Bertolucci; 20.00, 22.00
Augustus: *Le affinità elettive;* i fratelli Taviani; 20.30, 23.00
Goldoni: Chiuso

Unità 11

Attività per la comprensione

A. Morante: Roma, 1912; Roma, 1985
La Storia, L'isola di Arturo, 1974, 1957
Seconda guerra mondiale; vita dei bambini e dei giovani
Calvino: Cuba, 1923; Siena, 1985
Il sentiero dei nidi di ragno; Il barone rampante
1947, 1957
Stile fiabesco e fantasioso; si occupa anche di critica letteraria

B. 1. d 2. e 3. b 4. a 5. c

C. Quant'è bella giovinezza,
Che si fugge tuttavia,
Chi vuol essere lieto, sia!
Di doman non c'è certezza!

D. il maltempo; problema "ozono"; incidente stradale; sciopero dei treni

E. l'inflazione si è abbassata; il governo ridurrà le tasse; verrà tempo bello; la Juve ha perso contro l'Inter; fiasco a Londra per Pavarotti

F. 1. Il Rinascimento fu un periodo di grande sviluppo artistico e letterario e di grandi progetti di costruzione. 2. I due architetti sono Arnolfo di Cambio e Brunelleschi. 3. Gli artisti importanti del Rinascimento sono Botticelli, Michelangelo e Leonardo. 4. Lorenzo de' Medici fu un poeta e anche capo di stato. 5. Firenze è chiamata "la culla del Rinascimento". 6. Il fiorino era la moneta più importante in tutta l'Europa.

Unità 12

Attività per la comprensione

A. migliorare le scuole; creare più posti di lavoro per tutti; provvedere ai vecchi e ai bambini con più assistenza sociale; includere più donne nel governo

B. I (scrivere una tesi); USA (vivere nel campus); I (dare esami orali); I (abitare con i genitori); USA (lavorare part-time); I (frequentare il liceo fino a 19 anni); USA (partecipare ad attività organizzate dall'università)

C. 1 (la crisi di governo); 2 (la disoccupazione); 5 (l'inquinamento); 3 (la droga); 4 (l'immigrazione di extracomunitari); 6 (mantenimento dei beni culturali)

D. *Please see the puzzle solution on the next page.*

E. *Wording in answers may vary.* 1. Il problema più grande nella sua città è il traffico. 2. Il traffico causa problemi ambientali e commerciali. 3. Richiedere che chi non deve viaggiare in auto prende i mezzi pubblici; alternare le targhe delle macchine (un giorno pari, un giorno dispari). 4. C'è chi dice che hanno rovinato il palazzo. Il sindaco dice che il palazzo ora è funzionante e modernizzato, e che c'è stato un compromesso. 5. Vuole creare un'isola pedonale in centro e un nuovo centro sportivo.

Copyright © Houghton Mifflin Company. All rights reserved.

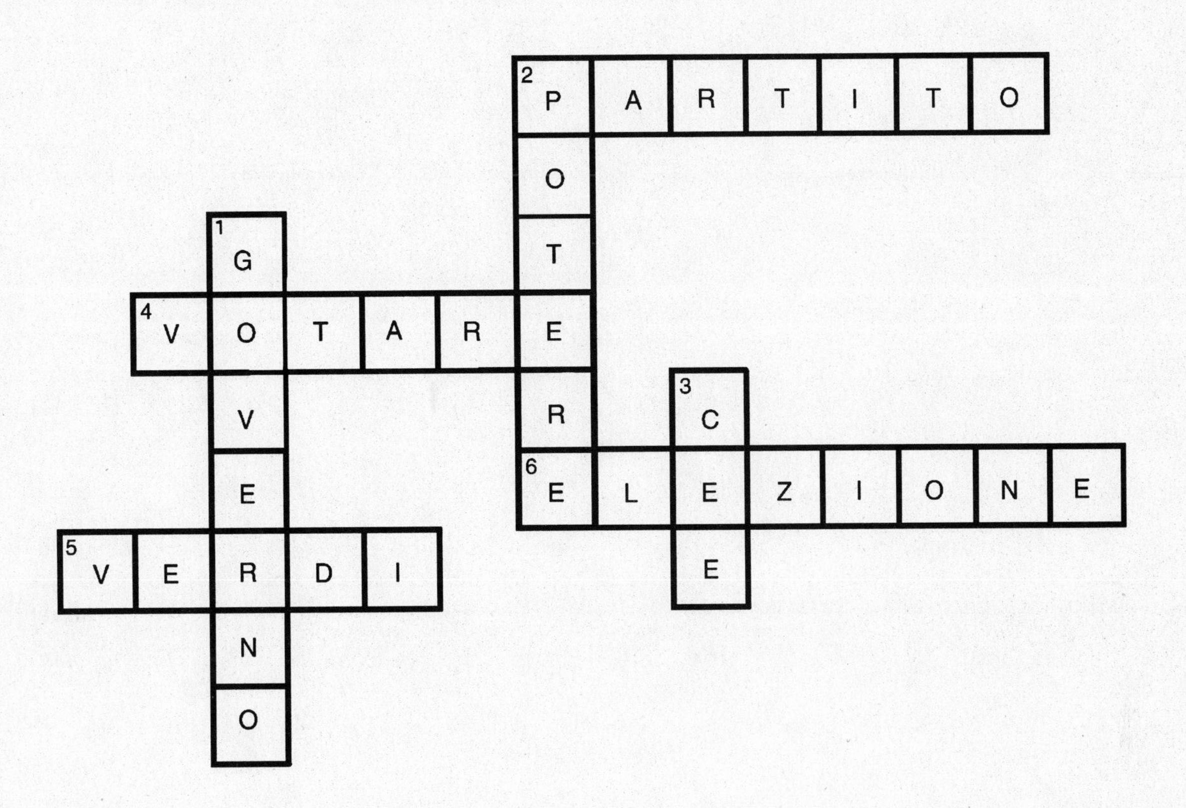

Copyright © Houghton Mifflin Company. All rights reserved.

Instructor's Notes for the *Parliamo italiano!* Video

Shot on location in Italy, the **Parliamo italiano!** Video is an integral part of the **Parliamo italiano!** program. The video consists of twelve modules, each approximately five minutes long. The video has an independent story line, but each module is linked geographically, thematically, and grammatically to the corresponding unit in the textbook. Each module can be viewed and worked with in class in approximately twenty minutes.

Each video module contains a main dialogue and one or two shorter mini-dialogues. Pause after each dialogue and reinforce the material it presents before proceeding to the next segment. This approach is consistent with the organization of the textbook's activities.

The protagonists of the video are Piero Corsetti and Gabriella Borelli, two writers from Turin who are working on an insider's travel guide to Italy. Their research takes them to the cities and regions of Italy described in the textbook. During their tour of the country, Piero and Gabriella visit many historical and culturally significant sites. For example, in Module 6 they visit Piazza San Marco and ride on a gondola that passes under the Rialto Bridge. In Module 7, they go to Piazza del Duomo and the Galleria in Milan. In Module 10, they visit an artisan in Spaccanapoli. Piero photographs each place, and each module ends with a mockup of his photos for the guidebook.

The video also features brief appearances by various characters whose regional inflections or accents provide "local color." In Bologna, for instance, Piero and Gabriella talk to three students at the university. In Naples they converse with an employee of the Teatro San Carlo, and in Florence they meet a Florentine poet. Where appropriate, you should point out regional accents and differences in speech patterns.

Video Activities

The *Ciak! Italia* section at the end of each textbook unit presents activities to use before, during, and after the video. The activities are designed to develop students' listening and speaking skills and to promote cultural awareness. They also reinforce the unit's vocabulary and grammatical constructions. All activities can be done in class, and some may be assigned as homework.

The pre-viewing activities orient students and prepare them for the video module by focusing on the topics and cultural material that will be presented.

The viewing activities should be completed while students watch the video. They check comprehension and encourage students to pay active attention to the oral and visual material presented. Students should read the activities before watching the corresponding video module. Many of the exercises focus on specific segments of the module. Stopping the video to complete these activities thus naturally divides viewing into manageable chunks. If students are having difficulty completing the activities, you may want to show the video a second time and pause on specific images for explanations or questions.

The post-viewing activities expand on the material in the video. For example, they may call for students to reenact a particular conversation or situation, or ask them to relate themes and cultural material presented in the unit.

Viewing Suggestions

This section identifies the major functions and themes presented in each video module and includes suggestions for supplementing the in-text video activities.

Copyright © Houghton Mifflin Company. All rights reserved.

Module Opener

The opening screen for each module features a rich montage of realia: a phone card, train tickets, a map, an Alitalia airline ticket, an Italian *carta d'identità*, 500-lire coins, a roll of film, a notebook, a pencil, and a photo of Gabriella and Piero. Ask students to identify the items they see and "A che cosa serve?" Continue the discussion by asking what items one needs for a trip. Point out that the star on the map of Italy in the second screen indicates the module's geographic location. Pause the video and ask students to identify the location depicted in the opening photo for each module.

Module 1

Locations:

Turin (an office at the Marco Polo publishing house)

Rome (near the Colosseum)

Major functions and themes presented:

Introducing someone

Greeting others

Inquiring about health

Talking about sightseeing

Expressing the days of the week

Talking about Italian geography

Using idiomatic expressions with **avere**

Main dialogue:

Marco, the publisher, introduces Piero and Gabriella. Piero and Gabriella discuss the travel-guide project and their itinerary.

Mini-dialogue:

In Rome, Piero and Gabriella decide to take a break near the Colosseum because they are hot. Gabriella buys orange sodas at a drink stand.

Suggestions:

- Ask students to identify the various items they see in the office.
- Ask what characteristics or qualities the insider's guide to Italy should have.
- Have students describe how Gabriella reacts to Piero and their attitudes toward each other.
- Discuss the uses of the *Lei* and *tu* forms. Point out the expression *Diamoci del tu!* and ask students to repeat it.
- Have students list the expressions Gabriella uses to refer to Rome.
- Ask students what Piero's complaints are.
- Repeat the phrase *Gli è piaciuto il Colosseo, signorì?* as it is pronounced in the video and point out the Roman accent.
- Have students role-play the purchase of the two orange sodas.
- Point out the Roman sites: the Piazza San Pietro, Piazza di Spagna, Trinità dei Monti, Castel Sant'Angelo, the Monumento a Vittorio Emanuele, and the Arch of Constantine.

 Copyright © Houghton Mifflin Company. All rights reserved.

Module 2

Location:

Bologna (the Due Torri, the Facoltà di Legge at the Università di Bologna, and the Piazza di Santo Stefano)

Major functions and themes presented:

Telling time

Talking about school

Using adjectives

Using possessive adjectives

Main dialogue:

Piero and Gabriella ask three university students for the time, the location of a bookstore, and a recommendation of a place to eat.

Mini-dialogue:

Piero points out Bologna's characteristics, and Piero and Gabriella comment on each other's personalities.

Suggestions:

- Ask students why Piero says that noon is the best time to visit Bologna.
- Have students contrast what Piero wants to do with Gabriella's plans for the day.
- Have students invent a dialogue involving a misunderstanding about what time it is.
- Point out the foods in the delicatessen window: prosciutto, parmesan cheese, and tortellini.
- Write the expressions *quando vuoi* and *a volte* on the board and have students discuss the mini-dialogue.
- Point out the following sites: the Piazza Maggiore, the Basilica di San Petronio, a monument to the partisans, the Due Torri, and the Chiesa di Santo Stefano.
- Tell students that Bologna is known as *Bologna la Grassa* as well as *Bologna la Rossa,* and ask what these names signify.

Module 3

Locations:

Turin (Gabriella's apartment and the Via Garibaldi)

Sicily (photographs)

Major functions and themes presented:

Making a telephone call

Discussing the weather

Talking about family

Doing errands

Main dialogue:

Gabriella phones her Aunt Amalia in Sicily. They talk about the upcoming wedding of Gabriella's cousin and the weather in Sicily and Turin.

Copyright © Houghton Mifflin Company. All rights reserved.

Mini-dialogue:

Piero and Gabriella discuss errands they need to do.

Suggestions:

- Point out Aunt Amalia's Sicilian accent. Repeat some key phrases, imitating her inflection, and have the class repeat them. Ask students to compare Sicilian pronunciation with the pronunciation they have learned.
- Have students point out various items they see in Gabriella's apartment. Ask them to comment on the style of the apartment, using adjectives they have learned.
- Have students role-play telephone conversations to family members, using *Pronto!* and *Sono...*
- Have students discuss or plan a family event, such as a wedding or holiday.
- Point out the sound of the doorbell and the use of the buzzer and intercom.
- Ask students why Piero drops by Gabriella's apartment and what he takes with him when he leaves.
- Have students describe Gabriella's and Piero's plans for the day. Ask: What does Gabriella have to do? Why? What does Piero want to do? Why does Gabriella decide not to join Piero for a coffee?
- Point out that the Via Garibaldi is closed to traffic so pedestrians can walk there.
- Discuss the European custom of drinking coffee at an outdoor cafe.
- Bring in additional photos or slides of Sicily showing famous ruins in Agrigento or other cities such as Palermo.

Module 4

Location:

Umbria (an open-air market and a pharmacy)

Major functions and themes presented:

Shopping for food

Expressing quantity

Making purchases at a pharmacy

Main dialogue:

Piero and Gabriella shop for food at an open-air market.

Mini-dialogue 1:

Piero and Gabriella share a picnic lunch near the market.

Mini-dialogue 2:

Gabriella buys aspirin and a digestive at a pharmacy.

Suggestions:

- Have students make a shopping list of the items and quantities Piero buys.
- Pause the video and ask students to describe what they see in the market.

Copyright © Houghton Mifflin Company. All rights reserved.

- Have students discuss the custom of daily shopping for food in an open-air market.
- Ask students why Gabriella criticizes Piero. (He buys too much food.)
- Ask students to describe the pharmacy and point out the old ceramic apothecary jars. Have students compare the Italian pharmacy with those they frequent.
- Discuss the different kinds of medicine available at the pharmacy (*aspirina normale o effervescente* or *in compresse masticabili*).
- Have students role-play a conversation between a pharmacist and a customer who buys several items.
- Bring in additional photos or slides of Spoleto or Assisi.

Module 5

Location:

Liguria (a seaside restaurant and a *lungomare*)

Major functions and themes presented:

Ordering a meal

Discussing food and recipes

Main dialogue:

Piero and Gabriella order a meal at a restaurant and discuss regional cuisines.

Mini-dialogue:

After taking a walk by the sea, Piero and Gabriella make comments about their meal and their plans to go to Sanremo.

Suggestions:

- Pause the video during the restaurant scene and ask students to describe what they see in the background and foreground.
- Have students pretend they are waiters and write down Piero's and Gabriella's orders.
- Point out the common expression *Buon appetito!* and the response *Altrettanto!*
- Point out the typical Ligurian images of the sea, rowers, and pastel-colored buildings.
- Discuss the custom of taking an after-meal *passeggiata.*
- Have students role-play a conversation between a waiter/waitress and two customers at a seaside restaurant.
- Ask students to list the ingredients of a good pesto.
- Discuss the characteristics of Ligurian seaside towns, as depicted in the photo montage.

Copyright © Houghton Mifflin Company. All rights reserved.

Module 6

Location:

Venice (an outdoor cafe and a small bridge overlooking a canal)

Major functions and themes presented:

Talking about leisure-time activities

Talking about future plans

Main dialogue:

Piero and Gabriella talk about work and have refreshments in an outdoor cafe.

Mini-dialogue:

Piero and Gabriella discuss possible activities for the weekend.

Suggestions:

- Point out that the winged lion is the symbol of Venice and of St. Mark.
- Point out the famous Piazza San Marco and its pigeons.
- Pause the video as Piero and Gabriella leave the *vaporetto.* Point out that the *vaporetto* is like a bus; then discuss other modes of transportation used in Venice. Mention that gondolas, which appear later in the module, are quite expensive and are used mainly by tourists.
- Point out the waiter's Venetian accent.
- Point out the Venetian architecture, which is markedly different from other architectural styles.
- Have students view the main dialogue more than once, and ask them to identify humorous comments and actions. For example, Piero's question *Fin laggiù dobbiamo andare?* is comic; the cafe is a few steps away. Piero feigns exhaustion and collapses on the bench; Gabriella says *E va bene, eroe delle guide turistiche, scherzavo!* In the mini-dialogue, Piero teases Gabriella, saying *Sono un grande Latin lover* and *Non sei la donna dei miei sogni...* Also point out difficult phrases, like Gabriella's statement *Non ce la fai più* and Piero's response *Stai scherzando, piccola.*
- Point out that cellular phones are so common in Italy that even a barge driver carries one.
- Point out the following sites: the island of San Giorgio and the Rialto Bridge.

Module 7

Location:

Milan (Via Montenapoleone, Via della Spiga, and a boutique)

Major functions and themes presented:

Shopping for clothing

Making comparisons

Expressing commands

Main dialogue:

Gabriella tells Piero that she wants to buy something to wear to a party this weekend. They enter a boutique and Gabriella tries on dresses with the help of a salesclerk. After looking at several dresses, she decides to buy one and a scarf.

Copyright © Houghton Mifflin Company. All rights reserved.

Mini-dialogue:

Piero and Gabriella discuss his purchase of a tie. He then gives her a pair of earrings as a souvenir of Milan.

Suggestions:

- Point out famous sites: the Duomo with its many spires, the Galleria, and the Motta bar. Motta is a famous company that also makes sweets; it is considered a Milanese trademark.
- Discuss Milan's role as a fashion capital. Point out that the camera work in this episode imitates fashion photography. Pause the video and ask students to describe the store windows and shoppers they see.
- Have students role-play a situation in which two friends try to decide whether or not to enter an exclusive boutique. One is determined to enter, and the other one is not sure they should.
- Have students describe the boutique's interior and the style of clothes sold there.
- Ask students to comment on Gabriella's purchases. Do they agree with her choice of dress and scarf?
- Ask students to comment on Piero's attitude. Which of his comments reveal how he feels?
- Have students invent an ending for the module that takes the action one step further.

Module 8

Location:

Turin (a bar-gelateria)

Major functions and themes presented:

Talking about work and professions

Discussing goals

Expressing opinions

Main dialogue:

While drinking coffee, Piero and Gabriella compare Milan and Turin. They also discuss their work and their plans to visit Sardinia.

Mini-dialogue:

Piero and Gabriella run into Flavio, an old friend of Gabriella's, as they leave the bar. Gabriella and Flavio catch up on what each is doing.

Suggestions:

- Before showing the module, have students discuss their own attitudes toward work. Ask what aspects of a job and a workplace are important or appealing to them.
- Point out that Pepino's is a famous Turin bar and gelateria. Then ask students to describe what they see and hear in the bar.
- After listening to Piero and Gabriella's discussion of Turin and Milan, solicit students' opinions about their comments. Who, in their opinion, is right? Alternatively, divide students into two groups and have them debate which city is the better place to live.
- Point out that the conversation between Gabriella and Flavio takes place in the famous Piazza Carignano.

Copyright © Houghton Mifflin Company. All rights reserved.

- Have students discuss how Flavio treats Gabriella, and Piero's reaction.
- In groups of three, have students role-play a situation in which two people meet an old friend of one of them on the street.
- Point out the following sites: the Galleria Subalpina, the Po, Piazza Vittorio Veneto, and the Mole Antonelliana.

Module 9

Locations:

Turin (the airport)

Sardinia (a hotel)

Major functions and themes presented:

Making travel arrangements

Purchasing a plane ticket

Talking about desires

Main dialogue:

At the airport, Piero and Gabriella buy plane tickets for Sardinia and then check in for their flight.

Mini-dialogue:

At the hotel, Piero and Gabriella discuss what they would like to do on vacation.

Suggestions:

- Point out the large revolving doors at the airport that allow passengers to enter with their luggage.
- Pause the video on the TV monitor listing flight departures and ask students which flight Gabriella and Piero are going to take.
- Have students role-play purchasing plane tickets and checking in at the airport.
- Ask students what methods of payment are mentioned in the video. (The ticket agent asks Gabriella if she will use a credit card or cash. She wants to know if she can pay with a bank card.) Ask students what method of payment they would use in this situation.
- Have students describe and comment on the hotel's architecture.
- Have students discuss Piero and Gabriella's comments about their stay in Sardinia. Is Piero a dreamer? Is Gabriella a workaholic? What would they themselves do if they were in Sardinia for only a few days and had work to do?

Module 10

Location:

Naples (Piazza del Plebiscito and the box office at Teatro San Carlo)

Major functions and themes presented:

Making plans to go out

Talking about music and theater

Apologizing

Copyright © Houghton Mifflin Company. All rights reserved.

Main dialogue:

Piero and Gabriella discuss what to do this evening for entertainment. Piero has reserved two tickets to see *Rigoletto* at the Teatro San Carlo. He also invites Gabriella to share a *pizza napoletana* after the performance.

Mini-dialogue:

Gabriella and Piero pick up their tickets at the box office of Teatro San Carlo. Gabriella and the cashier discuss the location of their seats.

Suggestions:

- Show the video without sound and point out the following: Piero and Gabriella sitting on rocks overlooking the Bay of Naples, the artisan's shop in the historic Spaccanapoli district, figurines from Neapolitan crèches, and brides having their pictures taken at the Galleria Umberto I, a traditional site for wedding photos.
- Have students role-play a situation in which they discuss their plans for the evening and consider different kinds of music and concerts.
- Have students discuss Gabriella and Piero's attitudes about music. What misconception does Gabriella have? How does Piero surprise her? In what ways does Piero joke about it?
- Ask students how Gabriella apologizes and what she will do to make it up to Piero.
- Explain that the Real Teatro San Carlo is the royal theater. The king's residence was next door. Point out how the adjective *reale* comes from the noun *il re*.
- If students have trouble understanding the cashier's comments, play the video segment again and explain difficult expressions.

Module 11

Location:

Florence (a newsstand, Piazza della Signoria, a street in the medieval section, and the Caffè Giubbe Rosse)

Major functions and themes presented:

Buying newspapers and magazines

Discussing Italian literature

Arguing

Mini-dialogue 1:

Piero buys some newspapers and magazines at a newsstand. He tells Gabriella that a friend of his has some poetry in one of the magazines, and proposes that they attend a poetry reading that evening.

Mini-dialogue 2:

Piero and Gabriella discuss classical Italian literature.

Mini-dialogue 3:

At the Caffè Giubbe Rosse, Piero and Gabriella meet Francesco, Piero's friend, who is a Florentine poet.

Copyright © Houghton Mifflin Company. All rights reserved.

Mini-dialogue 4:

Piero makes fun of Gabriella's conversation with Francesco. She asks him if he is jealous.

Suggestions:

- Have students describe what they see at the *edicola.* Have them guess what the final, unnamed item Piero buys might be. (It is the literary journal *Nuovi Argomenti.*) Point out that the newsstand is in Piazza della Signoria.
- Have students discuss Piero and Gabriella's tastes in music, literature, etc. Or, in pairs, have students list what they know about the two characters' preferences. Ask them to comment on Piero's choices of entertainment: opera in Naples and a poetry reading in Florence.
- Point out the following: the statue of Neptune by Ammannati in Piazza della Signoria, the bust of Dante on the facade of his house, and the inscription from the *Divina commedia.* Explain that inscriptions from this work can be found throughout Florence.
- Explain that the Caffè Giubbe Rosse, located in Piazza della Repubblica, was a famous meeting place for poets, writers, and intellectuals. Posters and art decorate its paneled walls, and newspapers such as *La Nazione* (Florence's local paper) hang on the walls so customers can read them. Poetry readings, like the one Piero and Gabriella attended the previous evening, are still held at this cafe.
- Note that the poet is named Francesco, and that Francesco Stella appears in the text's **Ritratto.**
- Have students discuss the final scene, taking sides. Who is right, Gabriella or Piero? Are they really angry at one another? What other emotions do they display? Point out that the sound of the Duomo's bells underscore the emotions displayed here.

Module 12

Location:

Turin (the Marco Polo publishing house)

Major functions and themes presented:

Talking about future plans

Main dialogue:

The publisher congratulates Piero and Gabriella on their travel guide. Piero tells Gabriella that the publisher has proposed a new project—a travel guide to Europe—and that he will need a collaborator. He asks Gabriella to work with him on the project.

Suggestions:

- Have students compare this scene with Piero and Gabriella's initial meeting in Module 1.
- Pause the video and have students describe what Gabriella is wearing. (Note: She is wearing the earrings Piero gave her in Milan.)
- Have students role-play a situation in which one person asks another to work on a project.
- Ask students to write a sequel to this episode.

 Copyright © Houghton Mifflin Company. All rights reserved.

Videoscript

1: Visitare (Roma)

La scena: *Torino, alla casa editrice "Marco Polo". Marco—l'editore—è al lavoro. Piero bussa alla porta.*

EDITORE	Avanti!
PIERO	Buongiorno, Marco.
EDITORE	Ciao, Piero. Come va?
PIERO	Bene, e tu?
EDITORE	Non c'è male. Conosci Gabriella?
PIERO	Ah, forse sì...
GABRIELLA	Lei è il signor Corsetti, vero?
PIERO	Sì, sono io. Salve!
GABRIELLA	Piacere, Gabriella Borelli.
EDITORE	Bene. Dopo le presentazioni è ora di lavorare. Il vostro compito è questo: una guida d'Italia nuovissima, bellissima e molto originale... E ora devo proprio scappare! Buon lavoro!
GABRIELLA	Arrivederci!
PIERO	Ciao!

L'editore esce. Piero e Gabriella sono da soli. Sul tavolo c'è una carta geografica dell'Italia.

GABRIELLA	Ecco. Iniziamo da Napoli, poi visitiamo Bologna e prendiamo la direzione di Firenze attraversando l'interno... qui... in Umbria. Poi proseguiamo per Genova... Poi Venezia, Milano, Sicilia, Sardegna e Roma. Le va bene?
PIERO	Beh... Mi sembra poco pratico...
GABRIELLA	Come, prego?
PIERO	Invece...

Piero si dirige verso un'altra cartina d'Italia.

PIERO	Noi siamo qui, a Torino. Però partiamo da Roma, poi Firenze, Bologna e poi verso il nord. Allora, partiamo domani per Roma.
GABRIELLA	Per Roma? Domani? Ma è sabato!
PIERO	Lunedì, allora. Ci vediamo alla stazione alle otto, va bene?

Copyright © Houghton Mifflin Company. All rights reserved.

GABRIELLA	Andiamo in treno?
PIERO	Perché no?
GABRIELLA	Perché siamo al nord a Torino, e Roma è al centro d'Italia. Passiamo tutto il giorno in treno! Andiamo in aereo.
PIERO	Va bene. Aereo. Ma a una condizione.
GABRIELLA	Quale?
PIERO	Diamoci del tu. Io mi chiamo Piero.
GABRIELLA	Ma... d'accordo... Piero!
PIERO	Va bene, Gabriella. A domani. Ciao!
GABRIELLA	Ciao!

La scena: *Roma. Piero e Gabriella passeggiano vicino al Colosseo.*

GABRIELLA	Roma... città eterna... Roma la capitale... Roma caput mundi... siamo qui e tu leggi il giornale!
PIERO	Sono stanco, sono ore che giriamo a piedi, fa caldo. E poi, tutti questi turisti. Facciamo una pausa!
GABRIELLA	Sì, hai ragione. Facciamo una pausa. Andiamo lì.

Poco dopo.

GABRIELLA	Piero, hai sete?
PIERO	Sì, e tu?
GABRIELLA	Anch'io. Vado a prendere due aranciate. Aspettami.
PIERO	Va bene.

Gabriella va verso un chiosco di bibite.

GABRIELLA	Buongiorno.
UOMO DEL CHIOSCO	Buongiorno.
GABRIELLA	Due aranciate, per favore.
UOMO DEL CHIOSCO	Subito. Gli è piaciuto il Colosseo, signori?
GABRIELLA	Molto. E due bicchieri di plastica.

Copyright © Houghton Mifflin Company. All rights reserved.

UOMO DEL CHIOSCO	Ecco a lei.
GABRIELLA	Grazie.
UOMO DEL CHIOSCO	Prego. Seimila lire. ArrivederLa.
GABRIELLA	Buongiorno.

Gabriella torna alla panchina.

GABRIELLA	Ecco l'aranciata.
PIERO	Grazie. Vuoi vedere le foto di oggi?
GABRIELLA	Piero, sei davvero un bravo fotografo!

2: Studiare (Bologna)

La scena: *Piero e Gabriella sono a Bologna.*

PIERO	Mezzogiorno. L'ora ideale per visitare Bologna.
GABRIELLA	Sono solo le undici e un quarto. E prima di pranzo andiamo all'università.
PIERO	Ma scherzi? Il tuo orologio è fermo... è mezzogiorno e dieci!
GABRIELLA	Davvero? Che strano!

Poco dopo Piero e Gabriella sono nel cortile dell'università.

GABRIELLA	Eh, scusate. Che ore sono?
STUDENTE 1	È mezzogiorno in punto.
PIERO	Grazie.
GABRIELLA	C'è una libreria aperta qui vicino?
STUDENTE 1	Sì, in fondo alla strada c'è una libreria che fa orario continuato.
GABRIELLA	Meno male... Senza una guida della città siamo persi.
STUDENTE 2	Turisti?
GABRIELLA	Beh... in un certo senso... Scriviamo una guida turistica sull'Italia... un po' diversa dal solito.
PIERO	Siete di Bologna voi? Conoscete una trattoria dove mangiare bene?

Copyright © Houghton Mifflin Company. All rights reserved.

GABRIELLA	Piero! *(a studente 1)* Siete studenti all'università, vero?
STUDENTE 1	Sì. Io sono iscritto a Giurisprudenza e mi chiamo Luca. Lei è Francesca. Studia con me Giurisprudenza. Angelo studia Scienze Politiche. Per sapere qualcosa di Bologna, chiedete a Francesca: lei è bolognese, io invece sono di Pescara.
STUDENTE 2	Sì, la vera bolognese sono io! So tutto di Bologna!
PIERO	È una città bellissima e poi ci sono le lasagne, i tortellini, il ragù, il parmigiano... Certo che qui a Bologna mangiate anche molto bene!
STUDENTE 2	Sicuro! Se ti piace la cucina emiliana, andate da Mirella. È qui vicino.
GABRIELLA	Grazie! Prima andiamo in libreria. Grazie di tutto, ragazzi.
STUDENTI 1 E 2	Ciao!
PIERO	Ciao!

Poco dopo, mentre girano per la città, Piero all'improvviso si ferma davanti alla vetrina di una gastronomia.

GABRIELLA	Ma sei ossessionato! Dai, Piero! Andiamo!

Più tardi, in una piazza della città.

PIERO	Ah, Bologna, con la sua università, i portici, le librerie, gli studenti... Che bell'aria intellettuale!
GABRIELLA	Sai che sei simpatico, quando vuoi.
PIERO	Davvero? Grazie! Anche tu, a volte sei simpatica... A volte...

3: Abitare (Sicilia)

La scena: *Torino, casa di Gabriella.*

VOCE ZIA	Pronto!
GABRIELLA	Pronto, zia Amalia? Ciao, sono Gabriella.
VOCE ZIA	O cara, sei tu. Come stai?
GABRIELLA	Benone. E tu? E lo zio? Come state?
VOCE ZIA	Benissimo. Ora lo zio è al lavoro. Torna alle sette. Quando vieni a trovarci?
GABRIELLA	Sai, zia, arriviamo giovedì a Palermo. Veniamo in aereo. Ma vengo per lavoro.
VOCE ZIA	Giovedì? Benissimo! Andiamo insieme al matrimonio di tua cugina!

 Copyright © Houghton Mifflin Company. All rights reserved.

GABRIELLA	No, mi dispiace, non posso venire al matrimonio di Giulia.
VOCE ZIA	Come?
GABRIELLA	Perché io e Piero dobbiamo lavorare.
VOCE ZIA	E questo Piero chi è, il tuo fidanzato?
GABRIELLA	No, cosa dici, zia? Piero è solo un collega di lavoro... Dove si sposa Giulia, a Taormina?
VOCE ZIA	Sì, al duomo. Ma non puoi rimanere fino a domenica?
GABRIELLA	Eh, mi piacerebbe tanto! Senti, zia, che tempo fa in Sicilia ora?
VOCE ZIA	Fa bello! C'è sempre il sole. Fa caldissimo! E lì da voi, che tempo fa?
GABRIELLA	Mah... fa caldo anche qui in città...
VOCE ZIA	Eh sì, lo credo!

(Si sente squillare il campanello di casa di Gabriella.)

GABRIELLA	Eh, senti, zia, devo andare! Un bacione a te e allo zio! Ciao!
VOCE ZIA	Ciao, cara. Telefona quando arrivi a Palermo, eh?
GABRIELLA	Sicuro!
VOCE ZIA	Hai capito?
GABRIELLA	Ciao, zia. Saluta tutti quanti. Ciao!
VOCE ZIA	Sì, sì. Ciao!

Gabriella va al citofono.

GABRIELLA	Chi è? Piero? Sali!
PIERO	Permesso? Ciao!
GABRIELLA	Ciao.
PIERO	Allora, hai i libri sulla Sicilia?
GABRIELLA	Sì. Puoi prendere questi... Ma discutiamo domani. Ora devo uscire. Scendiamo insieme?
PIERO	Va bene.

Escono.

Copyright © Houghton Mifflin Company. All rights reserved.

PIERO	Hai delle commissioni da fare?
GABRIELLA	Sì, vado a comprare dei francobolli in tabaccheria, poi alla posta.
PIERO	Ah, anch'io devo andare in tabaccheria, ho finito le mie sigarette.
GABRIELLA	Io non fumo.
PIERO	Ho notato.
GABRIELLA	Ho sentito al telefono zia Amalia poco fa…
PIERO	Ah, quella tua zia di Palermo?
GABRIELLA	Lo sai che fa caldo in Sicilia? Peccato, dobbiamo lavorare tanto e stiamo solo due giorni.
PIERO	È vero… Che peccato! Però un bel bagno in mare lo facciamo. Io porto il costume.
GABRIELLA	Piero, tu pensi sempre di essere in vacanza, invece dobbiamo lavorare.
PIERO	Lavorare, certo. La nostra guida turistica. Grazie, capo. Però anche qui fa bello… Io mi fermo in quel bar a guardare i libri… C'è un tavolo libero… ti posso offrire un caffè?
GABRIELLA	No, grazie. Devo ancora fare la spesa… ho degli amici stasera a cena e non ho niente in frigo… Ciao, Piero, a domani.
PIERO	Ciao!

4: Comprare (Umbria)

***La scena:** Un mercato all'aperto.*

GABRIELLA	Che bella frutta! Quanto vengono le pesche al chilo?
VENDITORE	Queste pesche sono speciali. Vengono 3400 al chilo. Se me ne prende due chili, 6500.
GABRIELLA	Va bene. Me ne dia due chili, per favore.

Il venditore pesa le pesche sulla bilancia. Gabriella paga.

VENDITORE	Grazie.
GABRIELLA	Arrivederci.
VENDITORE	ArrivederLa. Buongiorno.
PIERO	Gabriella, ma che ne facciamo di due chili di pesche? Mangiamo solo frutta oggi? Io ho fame!

Copyright © Houghton Mifflin Company. All rights reserved.

GABRIELLA	Beh, se hai appetito possiamo fare dei panini… Compriamo anche del formaggio da quell'uomo laggiù, che ne dici?
PIERO	Va bene, prendiamo anche del prosciutto e del salame… ma per il pane, come facciamo?
GABRIELLA	Vado io a cercare una panetteria. Tu intanto fermati al banco dei formaggi. Ci ritroviamo fra cinque minuti.

Piero si dirige verso il banco dei formaggi e salumi.

PIERO	Buongiorno.
VENDITORE	Buongiorno a Lei. Mi dica.
PIERO	Vorrei del formaggio.
VENDITORE	Sì, cosa Le posso dare?
PIERO	Non so…
VENDITORE	Abbiamo dell'ottima caciotta, oppure della mozzarella.
PIERO	Mi dia la caciotta… un etto e mezzo. Può tagliarla a fettine?
VENDITORE	Certo. Desidera altro?
PIERO	Sì, del prosciutto cotto… un etto, e anche un etto di salame crudo, sempre tagliato a fette.
VENDITORE	Pronti. Vuole anche delle olive? Ho delle olive al forno che non ne trova così buone in tutta la regione… se le mangia col pecorino poi…
PIERO	Sì…

Poco dopo Piero e Gabriella stanno mangiando i panini.

PIERO	Piove, eh?
GABRIELLA	Pensi di finire tutto?
PIERO	Beh, non so. Perché?
GABRIELLA	Hai comprato quattro tipi di formaggio, affettati misti, olive… poi… fai vedere cos'hai ancora nel sacchetto?… Carciofini sott'olio, insalata russa… ed eri senza soldi, eh?
PIERO	Lo so, ho un po' esagerato… ma sai come sono fatto… mi lascio convincere… però i soldi li ho davvero finiti, fino all'ultima lira.
GABRIELLA	C'è un Bancomat poco lontano, puoi prelevare i soldi con la tessera. Io intanto passo in farmacia.

Copyright © Houghton Mifflin Company. All rights reserved.

PIERO	Va bene, andiamoci subito.
GABRIELLA	Eh, no! Devi finire quello che hai comprato e poi c'è la crostata e non dimenticarti le pesche.
PIERO	Oh, no... le pesche...
GABRIELLA	Credo che ti servirà un digestivo... te lo compro io in farmacia... gratis, questa volta!

Interno della farmacia.

GABRIELLA	Buongiorno.
FARMACISTA	Buongiorno.
GABRIELLA	Una scatola di aspirina e un digestivo, per piacere.
FARMACISTA	Aspirina normale o effervescente?
GABRIELLA	Normale, grazie. Ha un digestivo da prendere senz'acqua?
FARMACISTA	Sì. Questo prodotto è in compresse masticabili.
GABRIELLA	Va bene.
FARMACISTA	Le serve altro?
GABRIELLA	No, basta così. Quanto Le devo?
FARMACISTA	11.200. Grazie.
GABRIELLA	Buongiorno.
FARMACISTA	Buongiorno.

Fuori dalla farmacia Gabriella vede Piero in lontananza.

GABRIELLA	Piero!

5: Mangiare (Liguria)

La scena: *Una terrazza con vista panoramica sul mare. Gabriella e Piero sono al tavolo di un ristorante.*

GABRIELLA	Che splendido panorama! Chissà come si chiama quel paese laggiù, lungo la costa?
PIERO	Ah, ma io lo conosco—è Portofino. Come, non lo conosci? Una celebre località di villeggiatura, tipicamente ligure. Un piccolo paesino molto suggestivo e molto famoso come Portovenere, San Fruttuoso...
GABRIELLA	Come mai sai così tanto della Liguria?

Copyright © Houghton Mifflin Company. All rights reserved.

PIERO	Ci venivo ogni estate con la mia famiglia quando ero bambino.
CAMERIERE	Buongiorno.
PIERO E GABRIELLA	Buongiorno!
CAMERIERE	Ditemi.
GABRIELLA	Io non ho ancora deciso. E tu?
PIERO	Io prendo le trofie al pesto: è un piatto tipico. Te lo consiglio.
GABRIELLA	Va bene, se lo dici tu.
CAMERIERE	Bene, allora, trofie per due. E per secondo, consiglierei un'orata al forno con le olive nere.
GABRIELLA	Sì, mi piace moltissimo l'orata.
PIERO	Allora, orata al forno per due. E poi vorremmo del buon vino bianco.
CAMERIERE	Benissimo. Vi porterò un Pigato che è leggero e fresco.
PIERO	Ottima scelta. Grazie.
CAMERIERE	Prego.

Il cameriere si allontana.

GABRIELLA	Devo ammettere che sei davvero un buongustaio.
PIERO	Beh, è vero... Mi piace molto stare a tavola. Però apprezzare la cucina locale è anche un modo per capire di più le abitudini della gente e le caratteristiche geografiche e storiche di ogni regione.
GABRIELLA	Sembra un discorso serio...

Il cameriere si avvicina al tavolo e serve il vino.

CAMERIERE	Va bene?
PIERO	Ottimo!
GABRIELLA	Tu mi sorprendi. Che cos'altro sai della cucina ligure?
PIERO	Una cosa molto importante. Hai visto quanti ulivi ci sono? Il clima di questa regione è ideale per la coltivazione dell'ulivo, e l'olio ligure è uno dei più saporiti e pregiati d'Italia.
GABRIELLA	Ed è uno degli ingredienti base del pesto.

Copyright © Houghton Mifflin Company. All rights reserved.

PIERO Proprio così.

GABRIELLA Ma tu, sai preparare il pesto?

PIERO È facilissimo! La mia è una ricetta di famiglia.

GABRIELLA E non me lo dici!

PIERO Solo se insisti.

GABRIELLA Va bene, dimmelo, ti prego!

PIERO Si comincia con il basilico fresco, si prende un po' di aglio, del parmigiano, non dimenticare l'olio d'oliva, ligure, e pinoli pestati. Da lì il nome "pesto".

GABRIELLA Allora sei proprio bravo in cucina!

PIERO Si capisce!

Il cameriere torna portando i primi piatti.

CAMERIERE Ecco le trofie.

PIERO Grazie.

GABRIELLA Mmm, grazie. Con il pesto, fatto dalla ricetta segreta.

PIERO Buon appetito, Gabriella.

GABRIELLA Altrettanto.

Più tardi Piero e Gabriella passeggiano lungo il mare.

GABRIELLA Oggi ho davvero mangiato benissimo, e poi quel vino bianco era così buono. Qual è la prossima tappa, Piero?

PIERO Ti piacerà moltissimo. Andiamo a Sanremo!

6: Rilassarsi (Venezia)

La scena: *Gabriella e Piero sono in Campo S. Maria Formosa a Venezia.*

PIERO Come faceva caldo stamattina… C'era un'afa insopportabile! Abbiamo lavorato tanto, sai? Anzi, tantissimo!

GABRIELLA Sei già stanco?

PIERO Niente affatto! È solo che devo cambiare il rullino della macchina fotografica.

GABRIELLA Ho capito. Non ce la fai più, eh?

 Copyright © Houghton Mifflin Company. All rights reserved.

PIERO	Chi, io? Stai scherzando, piccola.
GABRIELLA	D'accordo. Fermiamoci in quel bar laggiù, va bene?
PIERO	Fin laggiù dobbiamo andare?

Poco dopo Gabriella e Piero sono seduti al tavolino del bar.

CAMERIERE	Buongiorno.
PIERO	Buongiorno!
CAMERIERE	Succo di frutta...
GABRIELLA	È per me.
CAMERIERE	Prego... e tè freddo...
PIERO	Grazie.
CAMERIERE	Prego. Buongiorno.
PIERO E GABRIELLA	Buongiorno.
PIERO	Ah, adesso che ci stiamo riposando, mi sento già meglio.
GABRIELLA	Mi fa piacere. Perché non abbiamo finito il nostro giro di Venezia, sai? Dobbiamo ancora lavorare e molto.
PIERO	Come non abbiamo finito? Ma se è da stamattina che giriamo. Fammi vedere l'itinerario.
GABRIELLA	Adesso non posso, sto scrivendo. Però se ci sbrighiamo, forse finiremo tra... diciamo... tre ore.
PIERO	Tre ore? Ma io sono già morto!
GABRIELLA	E va bene, eroe delle guide turistiche, scherzavo. Abbiamo finito. FINITO! Sei contento?
PIERO	Non fare mai più scherzi del genere. Altre tre ore... Certo che sei un bel tipo, tu.

Un ponticello su un canale.

PIERO	Chissà che cosa farai durante questo weekend. Avrai sicuramente programmato qualche cosa di bello. Che ne so? Andrai in montagna, dai tuoi amici a Cortina, o andrai al Lido a giocare al casinò.
GABRIELLA	Non ci ho ancora pensato. E tu, cosa farai? Cosa hai deciso? Tornerai a casa in treno questa sera?

Copyright © Houghton Mifflin Company. All rights reserved.

PIERO	Sono talmente stravolto che non mi muoverò più da questo magnifico posto. Forse farò un giro in gondola, col gondoliere che canterà le sue canzoni d'amore. Poi cercherò un bel ristorantino e dopo cena, al calar del sole, farò una passeggiatina in qualche angolo romantico di Venezia, ad ammirare le luci della laguna...
GABRIELLA	Che programma romantico! Hai in mente qualcuno da invitare?
PIERO	Beh, forse sì...
GABRIELLA	Piero! Non mi dire... Non starai mica pensando a me?
PIERO	Certo, non sei la donna dei miei sogni, ma se non hai nulla in programma, puoi fermarti anche tu.
GABRIELLA	Sono senza parole!
PIERO	Lo so, sono un grande latin lover. Allora, la risposta è sì?

7: Vestirsi (Milano)

La scena: *Piero e Gabriella sono nel centro di Milano.*

PIERO	Ma sei sicura? È il tuo tipo di negozio? Va be' che siamo a Milano, capitale della moda, ma...
GABRIELLA	Non ti preoccupare, non mi proverò tutti i vestiti del negozio. Ma ho una festa importante questo weekend e vorrei qualcosa di nuovo, di sorprendente, di osè.
PIERO	Come sarebbe? Vuoi entrare? Non vorrai mica comprare uno di quei vestiti?
GABRIELLA	Non ho detto *comprare,* ma ho visto un abito da sera. Voglio misurarlo.
PIERO	Quale abito da sera? Quello? Ma non è affatto il tuo genere.
GABRIELLA	Perché? Qual è il mio genere? Senti, adesso io entro, scelgo qualcosa e se mi piace la compro. Anche se non sei d'accordo. Tu intanto vai a fare un giro, eh?
PIERO	Ma figurati se mi perdo il divertimento. Vengo con te.

Interno del negozio. Gabriella indossa un abito da sera.

COMMESSA	Le sta benissimo! La taglia è perfetta.
GABRIELLA	Sì, il modello mi piace. C'è in altri colori?
COMMESSA	Vado a vedere.
GABRIELLA	Allora, dimmi, come sto?
PIERO	Be', ti sta bene. Certo è molto particolare. Ti vedo di più con l'altro, quello di prima. E lo metti con quelle scarpe?

Copyright © Houghton Mifflin Company. All rights reserved.

GABRIELLA Non fare lo scemo. Le scarpe vanno abbinate all'abito.

PIERO Devo dire: hai fatto una bella trasformazione... Ma non è un po' troppo scollato?

GABRIELLA Però è alta moda, e voglio fare una grande figura a quella festa.

PIERO Farai un figurone.

Gabriella si avvicina ad una fila di abiti esposti, ne sceglie uno e va a specchiarsi.

GABRIELLA E con questo come starei?

COMMESSA Ecco, c'è anche in lungo. Ah, ma sta guardando l'abito bianco. È una meraviglia, lo provi! È il modello di punta della collezione estate.

GABRIELLA No, non credo che mi stia bene... Mi piace di più questo, magari con una sciarpa di seta per coprire la scollatura.

COMMESSA Vuole coprire la scollatura? Ma è un peccato! Nasconderebbe la bellezza del vestito. È sicura di volere una sciarpa?

GABRIELLA Sì, sono sicura, grazie.

COMMESSA Va bene.

GABRIELLA *(a Piero)* Vattene!

PIERO Vado a vedere gli accessori nel reparto uomo. Forse trovo una cravatta che mi piace, così mi compro anche un souvenir di Milano.

GABRIELLA Sì, va, va! *(alla commessa)* Allora, prendo il vestito e questa sciarpa.

COMMESSA Va bene.

Escono dal negozio, Gabriella con dei grossi pacchi.

GABRIELLA Sono proprio soddisfatta dei miei acquisti. Farò un figurone alla festa. E tu? Hai comprato la cravatta?

PIERO No. Ma sai quanto costava una cravatta? 180 mila lire! Pazzesco!

GABRIELLA Ma dai, Piero, una pazzia si può fare ogni tanto, no?

PIERO Sì, ma una cravatta a 180.000 lire!

GABRIELLA Allora, cos'hai nel pacchetto?

PIERO Quale pacchetto?

GABRIELLA Dai, quello che hai in mano.

PIERO Ah, questo. Niente. Una cosa per te.

Copyright © Houghton Mifflin Company. All rights reserved.

GABRIELLA	Per me? Un regalo per me? Orecchini! Sono bellissimi!
PIERO	Spero che ti piacciano!
GABRIELLA	Sì sì, me li metterò per la festa!
PIERO	È solo un souvenir... Di Milano.

8: Lavorare (Torino)

La scena: *È mattina. Piero e Gabriella sono al banco di un bar storico del centro di Torino. Squilla un telefonino.*

PIERO	E poi dicono che a Torino si lavori meno che a Milano! Ma ascolta! Quel tipo sta già parlando di affari per telefono e sono soltanto le otto del mattino! Non so proprio come faccia! Per fortuna noi non abbiamo orari fissi. Per me è importante non avere orari fissi. Non so come farei altrimenti!
GABRIELLA	Già! Meno male che la prossima settimana andiamo in Sardegna per le nostre ricerche. Non ne posso più di Torino! Milano è così vivace e piena di novità...
PIERO	Sì, e di traffico, e tutto costa di più! No, no, preferisco mille volte una città come Torino. Credo che sia più vivibile.
GABRIELLA	Ma scherzi! Io sono proprio di Torino e scommetto che...
PIERO	Tu, torinese? E parli così? Allora, è per questo che hai scelto questa carriera. Per poter viaggiare, scappare!
GABRIELLA	Ma no, non hai capito niente, non è così...
PIERO	Senti, Gabriella, parlando del lavoro... Quando si parte per la Sardegna? Speriamo che non ci sia sciopero degli aerei, altrimenti non so proprio come faremo. Non vorrei dover prendere il traghetto.
GABRIELLA	Hai ragione. Andiamo.

Escono dal bar. Sulla porta Gabriella nota un ragazzo che la pare di conoscere.

GABRIELLA	Ehi, ma tu sei Flavio!
FLAVIO	Gabriella, Gabriella Borelli. Che piacere rivederti!
GABRIELLA	Ma che fine hai fatto? Mi sembri un altro! Sei elegantissimo!
FLAVIO	Già, ora lavoro alla Fiat, e così, addio vita d'artista. Tu, invece, non sei cambiata affatto. Che fai? Ti sei sposata? Hai bambini?
GABRIELLA	No, non sono sposata, per carità! Sto lavorando ad un progetto di guida turistica che...

Copyright © Houghton Mifflin Company. All rights reserved.

FLAVIO	Scusa, devo scappare! Sono in ritardo e oggi ho molto lavoro. Mi ha fatto piacere rivederti. Telefonami, Gabriella, eh? Ciao!
GABRIELLA	Ciao! Ma guarda!
PIERO	Un tuo amico? Un simpaticone!
GABRIELLA	Credo che Flavio abbia scelto male la vita di manager. Eravamo compagni di classe al liceo, e lui, pensa, scriveva poesie!
PIERO	Non ci posso credere.
GABRIELLA	Vederlo così, da giovane manager… È impressionante… Ma insomma, è possibile che siano tutti così noiosi, tutti così uguali, banali…
PIERO	Su, Gabriella, non te la prendere. La gente cambia, e poi non è detto che lui sia felice.
GABRIELLA	Hai ragione, Piero, grazie. Penso che tu sia un vero amico.
PIERO	Certo! E per dimostrartelo, ti porto a fare un giro in centro anche se piove. Così tu mi racconti la storia della tua vita.
GABRIELLA	La storia della mia vita? Ma scherzi! Sei insopportabile!

9: Viaggiare (Sardegna)

La scena: *Gabriella e Piero stanno per partire per la Sardegna. Sono alla biglietteria dell'aeroporto.*

PIERO	Buongiorno.
STEWARD	Buongiorno.
PIERO	Due biglietti per Cagliari, andata e ritorno.
STEWARD	Avete la prenotazione?
PIERO	Abbiamo prenotato?
GABRIELLA	Sì, sul volo delle 15.00 a nome Borelli e Corsetti.
STEWARD	Ah, sì. Ecco due posti. Pagate in contanti o con carta di credito?
GABRIELLA	Posso pagare col Bancomat?
STEWARD	Sì, certamente.

Gabriella dà la carta allo steward, che esegue la procedura di pagamento.

STEWARD	Digiti il codice… Questa è la sua carta.
GABRIELLA	Grazie.

Copyright © Houghton Mifflin Company. All rights reserved.

STEWARD	Ecco i biglietti e la ricevuta. Potete andare all'accettazione, grazie.
PIERO E GABRIELLA	Buongiorno. Grazie.

Gabriella e Piero si avviano verso l'accettazione. Gabriella porge i biglietti alla hostess del check-in.

HOSTESS	Avete bagaglio?
GABRIELLA	No, solo bagaglio a mano.
HOSTESS	Bene. Posto finestrino o corridoio?
GABRIELLA E PIERO	Corridoio.
PIERO	Va bene, prendo io il posto finestrino. Così siamo seduti vicini, cara.
GABRIELLA	Sarà un vero piacere!
HOSTESS	Ecco le vostre carte d'imbarco. Uscita numero 6 e buon viaggio.
PIERO E GABRIELLA	Grazie e buongiorno.

Sardegna. Piero e Gabriella sono in albergo.

PIERO	Che posto fantastico! Se avessi saputo, avrei fatto le vacanze in Sardegna l'anno scorso. Hai visto quella barca? Se avessi i soldi, me ne comprerei una uguale! Così farei il bagno nei posti dove non c'è gente, in una spiaggetta, da solo... È davvero un peccato dovere stare qui e lavorare.
GABRIELLA	A dire il vero, non mi sembra che tu oggi abbia lavorato molto.
PIERO	Scherzi? Ho scattato quattro rullini di foto!
GABRIELLA	Sì, a quelle turiste francesi. Eri ridicolo, sembravi un paparazzo... Poi con quelle barche a vela!
PIERO	Pensa, come sarebbe bello poter girare l'isola in barca a vela! Ti cambia la vita. Viaggi, stai in mare tutto il giorno, di fronte a te l'orizzonte infinito del mare e del cielo. Quanto vorrei prendere un po' di tempo libero alla fine di questo progetto, e tornare qui, a vivere quel che stiamo solo descrivendo!
GABRIELLA	Sai quel che vorrei io? Vorrei che tu parlassi un po' di meno e lavorassi un po' di più! Ora vado in camera a fare una doccia. Ci vediamo più tardi per la cena. Ciao, sognatore!
PIERO	Ciao!

Copyright © Houghton Mifflin Company. All rights reserved.

10: Uscire (Napoli)

La scena: *Gabriella e Piero sono a Napoli. Gabriella sta consultando del materiale turistico.*

PIERO	Allora, cosa hai trovato?
GABRIELLA	Aspetta, sto ancora leggendo.
PIERO	Io ho un programma grandioso per la serata. C'è un concerto di musica napoletana, in piazza stasera. Che ne dici?
GABRIELLA	Credevo che ti piacesse solo la discoteca o la musica leggera.
PIERO	Io adoro la discoteca, ma siamo a Napoli: un po' di musica folcloristica ci vuole. Allora, ti va l'idea?
GABRIELLA	Veramente stavo guardando il programma del San Carlo.
PIERO	Cos'è? Un cinema?
GABRIELLA	Non ci posso credere. Non conosci il teatro San Carlo, il tempio della lirica?
PIERO	Ah, ho capito! Melodramma, grasse cantanti che strillano per delle ore. Vorresti portarmi là?
GABRIELLA	Piero, sei così ignorante che temo non ci possa essere più nessuna speranza per te. Comunque i biglietti per il San Carlo sono difficilissimi da trovare, bisogna prenotarli con settimane di anticipo.
PIERO	Non così tanto, basta prenotare la sera prima.
GABRIELLA	E tu come lo sai?
PIERO	Ci sono stato ieri.
GABRIELLA	Tu? Sei stato al San Carlo? E non mi hai detto niente...
PIERO	Solo alla biglietteria. Mi hanno dato questi due tagliandi. Sono prenotazioni, bisogna ritirare i biglietti due ore prima dello spettacolo.
GABRIELLA	Fantastico! Hai davvero due prenotazioni per il *Rigoletto*?
PIERO	*Rigoletto*? E io pensavo che dessero *Indiana Jones*...
GABRIELLA	Andiamo! *(Poco dopo.)* Mi hai di nuovo presa in giro! Tu sapevi tutto del San Carlo e dello spettacolo di stasera... E scommetto che conosci anche l'opera.
PIERO	Beh, ho qualche compact disc a casa. E non solo di Pino Daniele.
GABRIELLA	Piero, continui a sorprendermi! Scusami, ti ho trattato come un ignorante... Sono proprio felice di vedere lo spettacolo stasera. Non so come ringraziarti.

Copyright © Houghton Mifflin Company. All rights reserved.

PIERO	Mi offrirai una pizza dopo il teatro. Una vera pizza napoletana.
GABRIELLA	Va bene!

Alla biglietteria del Teatro San Carlo.

PIERO E GABRIELLA	Buongiorno.
CASSIERE	Buongiorno.
PIERO	Abbiamo due prenotazioni.
CASSIERE	Per quale spettacolo?
PIERO	Quello di stasera.
CASSIERE	Mi fa vedere, per favore, la ricevuta? Ecco qua i biglietti.
PIERO	Grazie.
CASSIERE	Prego.
GABRIELLA	Posso vedere i posti?
CASSIERE	Certamente! È qua, al 25. Questa posizione qua. Questa è l'orchestra.
GABRIELLA	Non ci sono più centrali?
CASSIERE	No! Più centrali?! Il teatro è tutto esaurito. Anzi, lei è stata fortunata!
PIERO E GABRIELLA	Arrivederci!

11: Leggere (Firenze)

La scena: *A Firenze. Piero è davanti ad un'edicola.*

PIERO	Buongiorno!
GIORNALAIO	Buongiorno.
PIERO	Vorrei *La Stampa, Amica, il Vernacoliere, la Gazzetta dello Sport,* e *Autosprint.* E questo. Quanto devo?
GIORNALAIO	18 mila... Ecco.
PIERO	Grazie.
GIORNALAIO	Grazie a Lei.

Copyright © Houghton Mifflin Company. All rights reserved.

Piero torna con le riviste vicino a Gabriella.

PIERO *La Stampa*...

GABRIELLA Grazie.

PIERO ... e *Amica.*

GABRIELLA Bene. Sport e motori. Lo sapevo.

PIERO Ci sei cascata! Questa poesia l'ha scritta un mio amico.

GABRIELLA Ma va! Conosci davvero un poeta?

PIERO Diversi poeti. E anch'io ho scritto delle poesie. Cosa credi? Secondo te, questo mio talento per la scrittura nasce dal nulla? Mi credi capace solo di scrivere per il turismo?

GABRIELLA Scusami, Piero. Non sapevo di questo tuo interesse per la letteratura...

PIERO E per l'opera lirica.

GABRIELLA In effetti, ero molto sorpresa... Ma mi sono molto divertita al Teatro San Carlo. E qui a Firenze, hai degli amici?

PIERO Certo! E stasera ti propongo qualcosa di diverso... Una lettura di poesia!

GABRIELLA Davvero? Dove?

PIERO Al Caffè Giubbe Rosse... è famosissimo per la sua storia... è da anni un punto di incontro per artisti, poeti, scrittori, e molti di loro sono miei amici. Adesso andiamo. Dobbiamo riprendere a lavorare.

GABRIELLA Va bene.

Poco dopo.

GABRIELLA Guarda. *La Divina Commedia.* Mi ricorda gli anni del liceo. Sai quanto era faticoso studiare Dante!

PIERO Davvero? A me piaceva moltissimo. Dante, Petrarca, Boccaccio, "le tre corone della letteratura italiana", ti ricordi?

GABRIELLA Ricordo solo qualche verso. "Chiare, fresche e dolci acque, ove le belle membra...". Ma non ricordo chi le scrisse!

PIERO Petrarca! Scrisse delle splendide poesie d'amore, e furono proprio Dante, Boccaccio e Petrarca a fondare la lingua italiana e la poetica.

GABRIELLA Beh, so che nacquero tutti e tre in Toscana e che scrissero le loro opere in dialetto toscano.

Copyright © Houghton Mifflin Company. All rights reserved.

PIERO | Certo! E fu così che il dialetto toscano diventò l'italiano che parliamo oggi. Ma questo accadde nel Duecento e Trecento, molti secoli prima dell'unità d'Italia.

GABRIELLA | Piero, sai tantissime cose!

PIERO | Eh, sì, devo ammettere: della letteratura so davvero tutto!

Più tardi Piero e Gabriella siedono ad un tavolino alle Giubbe Rosse. Assieme a loro c'è un amico di Piero.

GABRIELLA | Che bello ieri sera! Hanno recitato proprio bene!

AMICO | Sono contento che vi sia piaciuto. C'è un altro incontro di poesia, martedì sera. Leggerò qualche verso anche io. Ci verrete?

GABRIELLA | No, purtroppo. Partiamo domani.

AMICO | Che peccato! Beh, se torni a Firenze chiamami, Gabriella, mi farebbe piacere invitarti ad una di queste serate. Ti lascio il mio numero di telefono.

GABRIELLA | Davvero? Grazie, Francesco, sei molto gentile.

AMICO | 48.54.10.

PIERO | Gabriella! Andiamo. È tardi.

Esterno del Caffè Giubbe Rosse.

PIERO | "Francesco, sei gentile, Francesco, sei adorabile"... Sì, sì, ho capito... C'è qualcosa fra voi due.

GABRIELLA | Ma che dici? È solo molto simpatico, molto più di te.

PIERO | È l'ultima volta che ti presento un mio amico. Mi hai fatto sentire un idiota, in mezzo a voi due che vi scambiavate sguardi e numeri di telefono.

GABRIELLA | Perché, sei geloso?

PIERO | Io? Figurati! Meno male che abbiamo finito il lavoro. Firenze è l'ultima città.

GABRIELLA | Sì. Una città bellissima.

12: Sognare (Torino)

La scena: *Nuovamente nella redazione della casa editrice a Torino.*

PIERO | Allora, possiamo fare il 26 o il 27.

EDITORE | Sì, vediamo. *(Entra Gabriella.)* Ah, Gabriella. Ti stavamo aspettando. Ciao.

GABRIELLA | Ciao! Ciao, Piero!

Copyright © Houghton Mifflin Company. All rights reserved.

PIERO Ciao!

EDITORE Complimenti. Avete fatto un bellissimo lavoro. Il libro sta vendendo bene e le recensioni sono positive. Mi congratulo con voi. Bene, Gabriella, spero di rivederti presto. Ah, Piero, senti, prima di andare via puoi passare dal mio ufficio?

PIERO Sì, certo, Marco.

EDITORE Allora, a dopo.

PIERO A dopo.

L'editore esce.

GABRIELLA Allora, Marco ti vuol vedere... A me non ha detto niente.

PIERO Sì, probabilmente vuole discutere il nuovo progetto.

GABRIELLA Il nuovo progetto?

PIERO Mmm, per il momento acqua in bocca! Mi ha proposto un nuovo lavoro, una nuova guida turistica. Ma bisogna viaggiare sul serio... All'estero.

GABRIELLA Davvero? Una guida nuova? Una guida internazionale?

PIERO L'Europa, precisamente. Francia, Germania, Belgio, Gran Bretagna... Un lavoro molto impegnativo. Anche se non ho ancora firmato il contratto. Però, la partenza sarebbe tra due settimane.

GABRIELLA Come? Ti propone di viaggiare in Europa e tu sei indeciso? Lavoreresti da solo questa volta?

PIERO In effetti, anche per questo devo verificare. Marco crede che sarebbe opportuno trovare un aiuto, un collaboratore. Anche se da solo io lavoro decisamente meglio.

GABRIELLA Questo è evidente! Allora, Piero, io me ne vado.

PIERO Comunque, io sono della stessa idea di Marco. Non posso partire solo, in effetti avrei davvero bisogno di aiuto, di un collaboratore. E c'è una sola persona al mondo più in gamba di me a fare questo lavoro.

GABRIELLA Tua madre, immagino...

PIERO Gabriella, mi rendo conto che ti può sembrare strano, però non posso pensare di fare un solo viaggio senza di te. Ti prego, Gabriella, accetta questo lavoro e parti con me per l'Europa.

GABRIELLA Piero, non ti posso pensare da solo per l'Europa senza qualcuno che ti tenga d'occhio. Accetto volentieri!

Copyright © Houghton Mifflin Company. All rights reserved.

Nome ______________________________ Corso __________ Data __________

Quiz
Unità Preliminare

A. Answer the oral questions using complete sentences. (25 points)

1. ____
2. ____
3. ____
4. ____
5. ____

B. Write the following numbers as words. (14 points)

1. 10 ________________________
2. 5 ________________________
3. 17 ________________________
4. 41________________________
5. 23 ________________________
6. 68 ________________________
7. 92 ________________________

C. Complete the following sentences by inserting the person's complete title of address based on the abbreviated form given in parentheses. (9 points)

1. Buongiorno, ______________ Selce. Come sta? (Sig.ra)
2. Arrivederci, ______________ Ricci. (Dott.)
3. Molto lieto, ______________ Amato. (Sig.)
4. Alla prossima, ______________ Ferrari. (Avv.)
5. Come sta, ______________ Bellini? (Sig.na)
6. Buonasera, ______________ Testi. (Ing.)

Copyright © Houghton Mifflin Company. All rights reserved.

Nome ______________________________ Corso __________ Data __________

D. Complete the following conversations, using vocabulary from the Unità Preliminare. (14 points)

1. —Buonasera, mi chiamo Kevin. E Lei, come si _____________?

   —Mi chiamo Cecilia.

   —Come si scrive «Cecilia»?

   —________________________.

2. —Sono di Milano. Di dove _____________ tu, Greg?

   —Sono di Los Angeles. E la professoressa, di _____________ Lei?

   —Lei è di Palermo.

3. —Salve, Roberta. Come _____________?

   —Benissimo, grazie.

4. —Buonanotte, Francesca, e grazie.

   —Buonanotte, Anna. _____________ vediamo!

   —Sì. A _____________!

E. Write another way of saying each of the following expressions. (8 points)

1. Molto lieto. ____
2. Salve. ____
3. Benissimo. ____
4. Alla prossima. ____

F. Write what you would say in the following situations. (30 points)

1. Say good morning to your friend Lidia and ask how she is feeling.

   ____

2. Tell your friend that you're feeling so-so and thank her for asking.

   ____

 Copyright © Houghton Mifflin Company. All rights reserved.

Nome ______________________________ Corso __________ Data __________

3. Excuse yourself politely and ask Professor Levi where he is from.

____

4. Introduce yourself to another student and ask for his name.

____

5. Say goodbye to Dr. Anna Ferri.

____

Extra Credit (2 points)

Write the copy for an Italian version of your business card, selecting a profession and providing an Italian address.

Copyright © Houghton Mifflin Company. All rights reserved.

Nome ______________________ Corso __________ Data __________

Quiz
Unità 1: A e B

A. Answer the oral questions using complete sentences. (25 points)

1. ______________________
2. ______________________
3. ______________________
4. ______________________
5. ______________________

B. Complete the following sentences using the correct form of the verb **essere.** (10 points)

1. Marco ____________ di Milano.
2. Noi ____________ studenti universitari.
3. Io ____________ americano.
4. Di dove ____________ voi?
5. Giorgio e Anna ____________ di Napoli.

C. Write the corresponding indefinite article before each of the following nouns. (20 points)

1. ____________ isola
2. ____________ lago
3. ____________ nazione
4. ____________ fiume
5. ____________ studente
6. ____________ piazza
7. ____________ amico
8. ____________ zero
9. ____________ strada
10. ____________ estate

Copyright © Houghton Mifflin Company. All rights reserved.

Nome ______________________________ Corso ___________ Data ___________

D. Answer the following questions based on the geographical information presented in Unità 1. Use complete sentences. (30 points)

1. Che cos'è il Tevere? ____

   ____

2. Come si chiama un monumento a Roma? ______________________________

   ____

3. Ci sono sette colli a Roma? ____

   ____

4. Napoli è al nord di Roma, non è vero? _________________________________

   ____

5. Il Vaticano è una regione in Italia? ____________________________________

   ____

6. Che cos'è la Sicilia? ____

   ____

7. Come si chiama una piazza a Roma? ___________________________________

   ____

8. Che cos'è il Mediterraneo? ____

   ____

9. Come si chiama una regione in Italia? ________________________________

   ____

10. Che cos'è il Monte Bianco? ____

    ____

 Copyright © Houghton Mifflin Company. All rights reserved.

Nome ______________________________ Corso __________ Data __________

E. Write the appropriate definite article for the following nouns. (5 points)

1. ______________ fiume
2. ______________ spiaggia
3. ______________ amica
4. ______________ stato
5. ______________ chiesa

F. Write what you would say in the following situations. (10 points)

1. You can't wait to visit the Pantheon.

____

2. Tell your traveling companion here's the Trevi Fountain.

____

Extra Credit (2 points)

Complete the following conversations using an appropriate expression from Unità 1.

1. —Grazie, Antonella, mille grazie davvero!

   —________________________!

2. —Angela, ________________________ Mario.

   —Buongiorno, Mario, tanto piacere!

Copyright © Houghton Mifflin Company. All rights reserved.

Nome ______________________________ Corso __________ Data __________

Quiz
Unità 1: C e D

A. Answer the oral questions using complete sentences. (25 points)

1. ______________________________
2. ______________________________
3. ______________________________
4. ______________________________
5. ______________________________

B. Complete the following sentences using the appropriate form of the verb **avere.** (10 points)

1. Io e Kristi ______________ una lezione d'italiano oggi.
2. Anna ______________ una bicicletta.
3. Tu ______________ un amico italiano, non è vero?
4. Voi ______________ ragione, $2 + 2 = 4$.
5. Alberto e Gabriella ______________ un computer.

C. Complete the following sentences using an appropriate idiomatic expression with the verb **avere.** (10 points)

1. E tu ________________________? Ecco una Cocacola!
2. Noi ________________________. Mangiamo una pizza?
3. Nel Sahara loro ________________________.
4. In Siberia Paola ________________________.
5. In Italia ci sono 22 regioni. No! Tu ________________________.

Copyright © Houghton Mifflin Company. All rights reserved.

Nome ______________________________ Corso ___________ Data ___________

D. Complete the following sentences using vocabulary from Unità 1. (10 points)

1. I giorni del weekend sono ________________________ e ________________________.

2. Le quattro stagioni sono ________________________, ________________________, ________________________ e ________________________.

3. I mesi che hanno trenta giorni sono ________________________, ________________________, ________________________ e ________________________.

E. Complete the following sentences using an appropriate preposition. (10 points)

1. Io abito ______________ Napoli.
2. Studio ______________ biblioteca.
3. Mangio ______________ casa, e tu?
4. ______________ dove sei tu?
5. Lei abita ______________ Germania.
6. La pizzeria è ______________ Via della Pigna.
7. Parlo ______________ Fabio.
8. Vado ______________ chiesa la domenica.
9. Andiamo ______________ scuola domani.
10. Visito l'Italia ______________ la prima volta.

 Copyright © Houghton Mifflin Company. All rights reserved.

Nome ______________________________ Corso __________ Data __________

F. Complete the following sentences using the present indicative tense of the verb in parentheses. (20 points)

1. Voi ______________ (parlare) italiano? Bene!
2. Noi ______________ (pagare) la pizza.
3. Michele ______________ (cantare) "O Sole Mio."
4. Loro ______________ (giocare) a tennis oggi.
5. Tu ______________ (studiare) all'università?
6. Io ______________ (mangiare) a una buona pizzeria.
7. Antonella e Lorenzo ______________ (aspettare) la professoressa.
8. Tu ______________ (sciare) d'inverno?
9. Io e Elisabetta ______________ (cercare) il museo.
10. Che cosa ______________ (guardare) voi?

G. Write what you would say in the following situations. (15 points)

1. You want to ask Mr. Gatto if he is a tour guide.

____

2. You want to know what today's date is.

____

3. You want to know if the museum is open on Mondays.

____

Extra Credit (2 points)

Name the two major mountain ranges in Italy.

____

Copyright © Houghton Mifflin Company. All rights reserved.

Nome ______________________ Corso __________ Data __________

Quiz
Unità 2: A e B

A. Answer the oral questions using complete sentences. (25 points)

1. ______________________
2. ______________________
3. ______________________
4. ______________________
5. ______________________

B. Complete the following sentences using the appropriate form of the verb in parentheses. (30 points)

1. Gianni ______________ (dormire) nel dormitorio.
2. Io ______________ (chiedere) a Roberto se ha una lezione oggi.
3. Tu ______________ (finire) il compito.
4. Noi ______________ (conoscere) i libri di Pavese.
5. Tu e Mario ______________ (vedere) un film oggi?
6. Loro ______________ (leggere) in italiano.
7. Angela ______________ (aprire) la finestra.
8. Giulio ______________ (scrivere) una lettera.
9. Voi ______________ (preferire) la Cocacola?
10. Dove ______________ (vivere) Paolo e Laura?
11. Tu ______________ (partire) per l'Italia? Che fortuna!
12. Emilia ______________ (discutere) il problema con Marco.
13. Io ______________ (rimanere) a casa oggi; non sto bene.
14. Gli studenti ______________ (seguire) un corso di letteratura.
15. Il professore ______________ (pulire) la cattedra.

Copyright © Houghton Mifflin Company. All rights reserved.

Nome ______________________ Corso __________ Data __________

C. Write the plural form of the following words. (20 points)

1. problema ______________ 6. aula ______________

2. sport ______________ 7. orologio ______________

3. spiaggia ______________ 8. quaderno ______________

4. città ______________ 9. medico ______________

5. lago ______________ 10. lezione ______________

D. Answer the following questions using expressions from Unità 2. (15 points)

1. Che cosa hai nello zaino? ______________________________

____

2. In aula, cosa c'è? ______________________________

____

3. Sei sempre puntuale? ______________________________

____

4. Dove mangi all'università? ______________________________

____

5. Dove studi? ______________________________

____

E. **Che ore sono?** Write each time of day in words. (10 points)

1. 8.00 ______________________________

2. 12.00 *(noon)* ______________________________

3. 4.15 ______________________________

4. 10.30 ______________________________

5. 7.45 ______________________________

Copyright © Houghton Mifflin Company. All rights reserved.

Nome ______________________________ Corso ___________ Data ___________

Extra Credit (2 points)

List two types of Italian high schools:

1. ________________________ 2. ________________________

Copyright © Houghton Mifflin Company. All rights reserved.

Nome ______________________________ Corso __________ Data __________

Quiz
Unità 2: C e D

A. Answer the oral questions using complete sentences. (25 points)

1. ____
2. ____
3. ____
4. ____
5. ____

B. Write the appropriate definite article for the following plural nouns. (20 points)

1. ______________	lezioni	6. ______________	professori
2. ______________	zaini	7. ______________	amici
3. ______________	sport	8. ______________	mani
4. ______________	biciclette	9. ______________	uova
5. ______________	bar	10. ______________	caffè

C. Rewrite the following sentences using an adjective from the following list. (10 points)

basso	alto	grasso	magro
bello	buono	vecchio	intelligente
difficile	facile	famoso	simpatico

1. Loro sono studenti.

____

2. Ho amiche.

____

3. Harvard è un'università.

____

Copyright © Houghton Mifflin Company. All rights reserved.

Nome ______________________________ Corso __________ Data __________

4. Angelo è un ragazzo.

____

5. È un esame.

____

D. Complete each sentence by writing the appropriate definite article and possessive adjective referring to the people listed in parentheses. (12 points)

1. ________________________ film sono interessanti. (Fellini)

2. ________________________ penna è rossa. (tu)

3. ________________________ compiti sono corretti. (voi)

4. ________________________ libri sono qui. (noi)

5. ________________________ professoresse sono brave. (Gina e Roberta)

6. ________________________ computer è caro. (io)

E. Complete the following sentences using the appropriate form of the verb in parentheses. (18 points)

1. Domani io ________________________ (andare) a Boston.

2. Da dove ________________________ (venire) tu?

3. Quando noi ________________________ (uscire), siamo contenti.

4. Luigi ________________________ (dare) una penna a Laura.

5. Come ________________________ (stare) voi? Bene?

6. Gli studenti ________________________ (andare) al cinema stasera.

7. Io ________________________ (venire) da Firenze.

8. Elisabetta ________________________ (uscire) con Michele venerdì sera.

9. Io ________________________ (dare) gli appunti al mio amico.

 Copyright © Houghton Mifflin Company. All rights reserved.

Nome ______________________________ Corso ___________ Data ___________

F. Answer the following questions using complete sentences and vocabulary from Unità 2. (15 points)

1. Quali corsi segui tu?

____

2. Quale materia preferisci?

____

3. Hai voglia di cambiare facoltà?

____

Extra Credit (2 points)

Write what you would say in the following situations.

1. You're studying with a classmate and accidentally knock one of his books off the table. You want to tell him that you're sorry.

____

2. You've had two final exams and an argument with a friend. You tell your roommate that you've had a tough day.

____

Copyright © Houghton Mifflin Company. All rights reserved.

Nome ______________________________ Corso __________ Data __________

Quiz
Unità 3: A e B

A. Answer the oral questions using complete sentences. (25 points)

1. ______________________________
2. ______________________________
3. ______________________________
4. ______________________________
5. ______________________________

B. Write a question to elicit the italicized information in the following responses. (30 points)

1. ______________________________?

   Mangiamo *il gelato.*

2. ______________________________?

   Giulia e le sue amiche vengono domani.

3. ______________________________?

   Questa è la mia camera.

4. ______________________________?

   Invitano *cento persone.*

5. ______________________________?

   Elena non studia stasera *perché è stanca.*

6. ______________________________?

   Ho lezione *alle 11.00.*

7. ______________________________?

   Il libro è *di Antonio.*

Copyright © Houghton Mifflin Company. All rights reserved.

Nome ______________________________ Corso __________ Data __________

8. ____?

La cerimonia è *in chiesa.*

9. ____?

Rimangono in Italia *per due settimane.*

10. ____?

Esco *con il mio ragazzo.*

C. Write another way of expressing the family relationship described in the following phrases. Use appropriate possessive adjectives. (10 points)

1. La madre della moglie di Giovanni ______________________________
2. I genitori di mia madre ______________________________
3. Il figlio di tuo fratello ______________________________
4. I fratelli di tua madre ______________________________
5. Il mio papà ______________________________

D. Answer the following questions using vocabulary from Unità 3. Write complete sentences. (15 points)

1. In Italia, come si chiama un edificio con molti appartamenti?

   ____

2. Dove abita la tua famiglia?

   ____

3. Quale tipo di arredamento preferisci?

   ____

4. La tua casa ha una lavastoviglie?

   ____

5. Com'è la tua camera?

   ____

 Copyright © Houghton Mifflin Company. All rights reserved.

Nome ______________________________ Corso __________ Data __________

E. Complete the following sentences using the appropriate form of the words listed. (10 points)

bello buono questo quello

1. ____________ mobili sono ____________.
2. Preferisci ____________ appartamento o ____________ appartamento?
3. Gabriella è una ____________ amica che viene da una ____________ famiglia.
4. ____________ case hanno ____________ giardini.
5. Questa villa ha una ____________ terrazza, ma ____________ è più comoda.

F. Write what you would say in the following situations. (10 points)

1. Your front door bell rings and it's your neighbor Mrs. Jones. You tell her to come in.

____

2. Franco says his dorm room is small. You disagree and tell him that it's nice and not small at all.

____

Extra Credit (2 points)

Write another way of saying the following, using vocabulary from Unità 3.

1. le nozze ____
2. il salotto ____

Copyright © Houghton Mifflin Company. All rights reserved.

Nome ______________________________ Corso __________ Data __________

Quiz
Unità 3: C e D

A. Answer the oral questions using complete sentences. (25 points)

1. ____
2. ____
3. ____
4. ____
5. ____

B. Complete the sentences using an appropriate form of one of the following verbs. (20 points)

dovere potere volere

1. Gli studenti non ______________ bere perché non hanno 21 anni.
2. Accidenti! Non ______________ andare alla festa perché io ______________ studiare stasera.
3. ______________ un gelato? Ti offro io!
4. Noi ______________ ripassare la materia per imparare bene.
5. Io ______________ andare in Italia quest'estate ma purtroppo non è possibile.
6. Maria ______________ parlare quattro lingue straniere! Che brava!
7. Voi ______________ venire alla festa con noi; abbiamo un'automobile.
8. Roberto e Stefania non ______________ andare in montagna oggi perché ______________ cercare un appartamento.

Copyright © Houghton Mifflin Company. All rights reserved.

C. Complete the following questions using the appropriate form of the verb in parentheses. (20 points)

1. Mario _____________ (bere) molto caffè.
2. Noi _____________ (fare) colazione alla mensa.
3. Cosa _____________ (dire) tu?
4. Voi non _____________ (bere) il whiskey?
5. Che cosa _____________ (fare) tu questo weekend?
6. I miei amici _____________ (dire) che quel film è bello.
7. _____________ (fare) io i tortellini per la festa.
8. Cosa _____________ (dire) voi—andiamo al cinema?
9. I miei fratellini _____________ (bere) la Cocacola tutti i giorni.
10. Luca e Anna _____________ (fare) una gita in campagna.

D. Complete the following sentences using a different expression in each sentence to describe the weather. (10 points)

1. Fa _______________________ a Palm Springs. Non _______________________.
2. Fa brutto oggi. C'è _______________________ ed è _______________________.
3. A Miami, è _______________________ e _______________________.
4. D'inverno a Chicago, è _______________________ e _______________________.
5. Preferisco quando c'è _______________________ e fa _______________________.

 Copyright © Houghton Mifflin Company. All rights reserved.

Nome ______________________________ Corso __________ Data __________

E. Answer each of the following questions using vocabulary from Unità 3. (15 points)

1. Dove compri un giornale? ______________________________

   ____

2. Dove compri un biglietto per il treno? ______________________________

   ____

3. Che cosa compri in tabaccheria? ______________________________

   ____

4. Quando vai in vacanza, che cosa fai? ______________________________

   ____

5. Dove vai per spedire le tue lettere? ______________________________

   ____

F. Complete the following sentences using the appropriate form of the preposition in parentheses. (10 points)

1. È la cartella ______________ professore. (di)
2. Scrivo lettere ______________ amici che vivono in Italia. (a)
3. I miei compiti sono ______________ scrivania. (su)
4. Sono le biciclette ______________ bambini. (di)
5. I suoi libri sono ______________ zaino. (in)

Copyright © Houghton Mifflin Company. All rights reserved.

Nome ______________________________ Corso ___________ Data ___________

Extra Credit (2 points)

Write what you would say in the following situations.

1. Your friend calls and asks if you want to go to a movie. You tell her that you have to do errands.

   ____

2. You want to make plans for the Labor Day weekend. You ask your cousin what she's doing for the long weekend.

   ____

 Copyright © Houghton Mifflin Company. All rights reserved.

Nome ______________________________ Corso __________ Data __________

Midterm Exam
Unità Preliminare–Unità 3

A. Answer the oral questions using complete sentences. (50 points)

1. ____________________
2. ____________________
3. ____________________
4. ____________________
5. ____________________
6. ____________________
7. ____________________
8. ____________________
9. ____________________
10. ____________________

B. Complete the following sentences using the appropriate form of the verb in parentheses. (50 points)

1. Voi ______________________ (essere) studenti?
2. Io ______________________ (andare) in Italia quest'autunno.
3. Quando voi ______________________ (finire) di studiare, andiamo in discoteca.
4. Anna ______________________ (dovere) lavorare stasera.
5. Professoressa Hubert, Lei ______________________ (essere) francese?
6. Luigi ______________________ (rispondere) bene alle domande.
7. Noi ______________________ (cercare) un appartamento in centro.
8. Luca e Irene non ______________________ (potere) andare al mare perché hanno da fare a casa.

Copyright © Houghton Mifflin Company. All rights reserved.

Nome ______________________________ Corso __________ Data __________

9. Enrico, ______________________ (volere) mangiare una pizza insieme?

10. ______________________ (venire) io con voi alla festa.

11. Francesca e Gina ______________________ (essere) puntuali.

12. Dove ______________________ (studiare) tu?

13. Voi ______________________ (prendere) l'autobus a scuola?

14. ______________________ (uscire) tu stasera?

15. Elisa e Alberto ______________________ (conoscere) i film di Bertolucci.

16. Stasera noi ______________________ (stare) a casa.

17. Io ______________________ (aprire) la porta per entrare.

18. Renzo e Laura ______________________ (andare) al cinema stasera.

19. Tu ______________________ (dare) un esame oggi?

20. Signora Rossi ______________________ (preferire) il caffè.

21. Alessandro ______________________ (dare) una penna all'amico.

22. Carolina ______________________ (venire) con noi al municipio.

23. Io ______________________ (capire) l'italiano.

24. Noi ______________________ (leggere) molti libri.

25. L'autobus ______________________ (partire) tra cinque minuti.

C. Write the appropriate indefinite article for each of the following nouns. (5 points)

1. ____________ zio
2. ____________ università
3. ____________ problema
4. ____________ studente
5. ____________ nazione

 Copyright © Houghton Mifflin Company. All rights reserved.

Nome ______________________________ Corso __________ Data __________

D. Write the appropriate definite article for each of the following nouns. (5 points)

1. ______________ finestre
2. ______________ torre
3. ______________ stati
4. ______________ poeti
5. ______________ quaderno

E. Rewrite the following sentences including the appropriate form of the adjective in parentheses. (10 points)

1. La biologia è un corso. (difficile)

____

2. Sono orologi. (bello)

____

3. Il dottor Ricci e il dottor Denio sono avvocati. (famoso)

____

4. La famiglia ha una casa a Milano. (grande)

____

5. Giorgio è un amico. (buono)

____

F. Complete the following sentences using the appropriate form of **questo** or **quello.** (8 points)

1. Ti piacciono ______________ mobili o ______________?
2. ______________ studenti sono bravi ma ______________ sono cattivi.
3. ______________ appartamento è nuovo ma ______________ ha una bella terrazza.
4. Preferisco ______________ scuola ma devo andare a ______________.

Copyright © Houghton Mifflin Company. All rights reserved.

Nome ______________________________ Corso ___________ Data ___________

G. Write the appropriate form of the possessive adjective referring to the person listed in parentheses. (12 points)

1. ______________ madre è brava. (io)
2. ______________ villetta è bella. (voi)
3. ______________ fratello gioca a tennis. (Anna)
4. ______________ cugini sono italiani. (Rocco e Giulia)
5. ______________ genitori abitano in Italia. (noi)
6. ______________ sorellina è alta. (tu)

H. **Che ore sono?** Write each time of day in words. (10 points)

1. 1.25 ______________________________
2. 9.15 ______________________________
3. 6.45 ______________________________
4. 12.00 (*midnight*) ______________________________
5. 8.30 ______________________________

I. Complete the following sentences by writing the appropriate preposition. (10 points)

1. Preferisco spedire le lettere ______________ ufficio postale.
2. Devo andare ______________ banca.
3. Il suo articolo è ______________ giornale.
4. Abitano ______________ Italia centrale.
5. I tuoi libri sono ______________ scaffale.

J. Complete the following sentences with an appropriate expression. (15 points)

1. Quando non mangio la prima colazione, ________________________.
2. D'inverno a New York, ________________________. Voglio stare a casa perché ________________________ sempre.

 Copyright © Houghton Mifflin Company. All rights reserved.

Nome ______________________________ Corso __________ Data __________

3. Jill e Jennifer sono a Roma ______________________. Devono preparare ______________________ per la settimana. ______________________ vedere il Colosseo.

4. Nella stanza di Marcello, c'è ______________________ e ______________________.

5. Enrico ripassa la materia ______________________ o ______________________.

K. Write at least five sentences describing your family or your university. (25 points)

____

____

____

____

____

____

____

____

____

____

____

Copyright © Houghton Mifflin Company. All rights reserved.

Nome ______________________________ Corso __________ Data __________

Quiz
Unità 4: A e B

A. Answer the oral questions using complete sentences. (25 points)

1. ______________________________
2. ______________________________
3. ______________________________
4. ______________________________
5. ______________________________

B. Complete the following sentences using the **passato prossimo** (past tense) form of the verbs in parentheses. (30 points)

1. Tu ________________________ (studiare) ieri sera?
2. Io ________________________ (scrivere) il tema venerdì scorso.
3. Pino e io ________________________ (andare) in Italia l'anno scorso.
4. Una settimana fa, Francesca ________________________ (vedere) un nuovo film di Tornatore.
5. Michele ________________________ (tornare) tardissimo a casa.
6. Marco e Giuseppe ________________________ (partire) per l'Europa.
7. Voi ________________________ (ricevere) le lettere ieri?
8. Gli studenti ________________________ (entrare) nell'aula.
9. Io ________________________ (aprire) la finestra.
10. Gina ________________________ (stare) a Perugia il mese scorso.
11. Annabella e Maria ________________________ (venire) alla festa con noi.
12. Che cosa ________________________ (comprare) tu alla libreria?
13. Io ________________________ (prendere) due pere mature dal fruttivendolo.

Copyright © Houghton Mifflin Company. All rights reserved.

Nome ______________________________ Corso __________ Data __________

14. Noi ________________________ (rispondere) alle domande del professore.

15. Tu e Gianni ________________________ (uscire) sabato sera? Io, no!

C. Rewrite the following sentences replacing the italicized expression with another way of saying *some* or *a few.* (10 points)

1. Ho bevuto *un po' di* caffè stamattina.

____

2. Prendi *un po' di* zucchero?

____

3. Abbiamo letto *alcune* poesie di Montale il semestre scorso.

____

4. Piero e Elisabetta mangiano *un po' di* spaghetti ogni settimana.

____

5. *Alcuni* studenti hanno finito i compiti.

____

D. Answer the following questions using the expression **ne.** (10 points)

1. Quanti pomodori vuoi?

____

2. Hai voglia di uscire stasera?

____

3. Quanti amici hai in Italia?

____

4. Vuoi comprare un chilo di vitello?

____

5. Quanti libri hai letto quest'anno?

____

 Copyright © Houghton Mifflin Company. All rights reserved.

Nome ______________________________ Corso __________ Data __________

E. Answer the following questions using vocabulary from Unità 4. (15 points)

1. Da chi compri il pesce?

____

2. Quali frutte sono di stagione ora?

____

3. Che verdura preferisci?

____

4. Che cosa fai per risparmiare soldi?

____

5. C'è uno sconto per gli studenti alla mensa?

____

F. Write what you would say in the following situations. (10 points)

1. Tell the fruit vendor you want a real fresh melon and a ripe apple.

____

2. Tell the salesperson the wallet is reasonably priced but you can't pay cash.

____

Extra Credit (2 points)

Write the following numerical expressions in words.

1. 1.000.000.000 ______________________________

2. 1998 ______________________________

Copyright © Houghton Mifflin Company. All rights reserved.

Nome ______________________________ Corso __________ Data __________

Quiz
Unità 4: C e D

A. Answer the oral questions using complete sentences. (25 points)

1. ____
2. ____
3. ____
4. ____
5. ____

B. Rewrite the following sentences replacing the italicized noun with the appropriate direct-object pronoun. (20 points)

1. Adoro *le lasagne*.

   ____

2. Compri *la cassetta di Billy Joel.*

   ____

3. I bambini mangiano *il dolce*.

   ____

4. Voglio guardare *la televisione* stasera.

   ____

5. Saluto *i miei amici*.

   ____

6. Invitiamo *Lei, professor Zevi,* alla festa degli studenti.

   ____

7. Giovanna aspetta *le sue amiche*.

   ____

Copyright © Houghton Mifflin Company. All rights reserved.

8. Dovete scrivere *i compiti.*

____

9. Matteo e Elena prendono *gli spinaci.*

____

10. È difficile capire *il libro.*

____

C. Answer the following questions, replacing the italicized expression with a direct-object pronoun. (10 points)

1. ANNA Hai comprato *i regali*?

   LINO ____

2. COMMESSA Ha ordinato *la merce* due settimane fa?

   CLIENTE ____

3. GIUSEPPE Tuo fratello Marco ha visto *Anna e Maria* nella profumeria ieri?

   PINO ____

4. PROFESSOR FOCCARELLI *Mi* potete seguire?

   STUDENTI ____

5. MADRE Avete spedito *le lettere*?

   FIGLI ____

6. SIG. E SIG.RA FELCE *Ci* invitate al ricevimento?

   MARIANNA E RICCARDO ____

7. RENZO *Mi* aspetti davanti al cinema?

   ANTONIO ____

8. FARMACISTA Hai preso *due aspirine* stamattina?

   CECILIA ____

 Copyright © Houghton Mifflin Company. All rights reserved.

Nome ______________________ Corso __________ Data __________

9. PROFESSORESSA FALACCI Avete scritto *i temi*?

   STUDENTI ______________________________

10. GELATAIO Vuole anche *il cioccolato*?

    CLIENTE ______________________________

D. Answer the following questions, replacing the italicized expression with **ci.** (10 points)

1. Hai lavorato *alla mensa* l'anno scorso?

   ____

2. I tuoi genitori vivono *a Roma*?

   ____

3. Andiamo *al cinema* stasera?

   ____

4. Avete mangiato *in ristorante* ieri?

   ____

5. Vuoi andare *in Italia*?

   ____

E. Answer the following questions using **ci** or **ne.** (20 points)

1. Hai bevuto *della Cocacola*?

   ____

2. Sei andata *alla panetteria* l'altro ieri?

   ____

3. Credi *in Babbo Natale*? (*Santa Claus*)

   ____

Copyright © Houghton Mifflin Company. All rights reserved.

4. Parli *dello sport* con i tuoi amici?

____

5. Hai fatto *dei compiti* ieri sera?

____

F. Answer the following questions using vocabulary from Unità 4. (15 points)

1. Cosa compri alla torrefazione?

____

2. Dove puoi comprare la carne?

____

3. Come si chiama il negozio dove compri i biscotti?

____

Extra Credit (2 points)

Write what you would say in the following situations.

1. After a big meal, you feel like some exercise. You tell your family that you're going for a walk.

____

2. Your mother is trying to decide what to serve as an appetizer for a special dinner. You tell her that prosciutto is on sale at the delicatessen.

____

 Copyright © Houghton Mifflin Company. All rights reserved.

Nome ______________________________ Corso __________ Data __________

Quiz
Unità 5: A e B

A. Answer the oral questions using complete sentences. (25 points)

1. ______________________________
2. ______________________________
3. ______________________________
4. ______________________________
5. ______________________________

B. Rewrite the following sentences by replacing the italicized words with the appropriate indirect-object pronoun. (20 points)

1. Michele ha offerto il caffè *a noi.*

____

2. Il professore ha dato il compito *a voi.*

____

3. Il padre ha prestato la macchina *alla figlia*.

____

4. Abbiamo telefonato *a Roberto* stasera.

____

5. Hai detto *agli studenti* che devono studiare per l'esame?

____

6. Vogliamo regalare una bella cena *ai nostri genitori.*

____

7. Giovanna deve parlare *al barista.*

____

Copyright © Houghton Mifflin Company. All rights reserved.

8. *Alla signora Verdi* non piacciono i pasticcini a quel bar.

____

9. Puoi scrivere una lettera *a Michele* questa settimana?

____

10. Porto il menù *a voi.*

____

C. Rewrite the following sentences by replacing the italicized words with **pronomi doppi** (combined pronouns). (20 points)

1. La cameriera ha portato *l'antipasto ai clienti.*

____

2. *A Giorgio*, non piace *la birra.*

____

3. Offro *il pranzo a voi.*

____

4. Il padre ha passato *i gelati ai bambini.*

____

5. Sandra ha comprato *un panino a Laura.*

____

6. Dobbiamo restituire *i soldi a mia sorella.*

____

7. Mia madre ha fatto *le trenette al pesto per noi.*

____

8. Avete mandato *le lettere a tua zia*?

____

 Copyright © Houghton Mifflin Company. All rights reserved.

Nome ______________________________ Corso __________ Data __________

9. Devi pagare *al barista il conto*.

____

10. Posso mostrare *lo sbaglio a te, Maria*.

____

D. Complete the following sentences using expressions from Unità 5. (20 points)

1. Mangio ______________________ alle otto di mattina.
2. Al bar prendo un caffè ______________________ con un brioche.
3. Mi piace il cappuccino con ______________________.
4. Al bar prima devi andare alla ______________________ dove paghi, poi vai al ______________________ dove presenti lo scontrino.
5. Preferisco il tè ______________________.
6. Al bar prendo ______________________ quando ho fame.
7. Alessandro sta in piedi al banco perché deve ______________________.
8. Per ______________________, prendo gli spaghetti alle vongole e per ______________________, prendo gli scampi alla griglia.

E. Write what you would say in the following situations. (15 points)

1. It's almost noon and you haven't had anything to eat. You tell your friend that you didn't eat breakfast and you're hungry enough to eat a horse.

____

____

2. You arrive late at your friend's house. You apologize for being late and ask if she's up for going out to have an aperitif.

____

____

Copyright © Houghton Mifflin Company. All rights reserved.

Nome ______________________________ Corso ___________ Data ___________

3. You advise your friend to order a prosciutto sandwich.

____

____

Extra Credit (2 points)

Complete the following sentence using vocabulary from Unità 5.

Dopo un pasto enorme, gli italiani tipicamente bevono ________________________

che è anche chiamato ________________________.

Copyright © Houghton Mifflin Company. All rights reserved.

Nome ______________________ Corso __________ Data __________

Quiz
Unità 5: C e D

A. Answer the oral questions using complete sentences. (25 points)

1. ______________________________
2. ______________________________
3. ______________________________
4. ______________________________
5. ______________________________

B. Complete the following sentences using the correct form of **sapere** or **conoscere,** as appropriate to the context. (10 points)

1. Isabella, ____________________ Paolo?
2. Greg ____________________ parlare bene l'italiano.
3. L'anno scorso Elena ____________________ mia madre a Portovenere.
4. Voi ____________________ l'indirizzo dell'ufficio?
5. Noi non ____________________ se andiamo al cinema stasera o no.
6. Io non ____________________ bene i libri di Umberto Eco.
7. Marco e Pietro ____________________ fare gli spaghetti all'amatriciana.
8. Hai sposato Daniele! Noi ____________________ un mese fa.
9. Renata ____________________ bene Genova, ma è di Pisa.
10. Scusi, signore, ____________________ dov'è Trattoria La Camogliese?

Copyright © Houghton Mifflin Company. All rights reserved.

Nome ______________________________ Corso __________ Data __________

C. Rewrite the following sentences in the impersonal form using **si.** (10 points)

1. Studiamo in biblioteca stasera.

   ____

2. Scrivete i compiti con la penna blu.

   ____

3. Gabriella ha tagliato la cipolla.

   ____

4. Carla è contenta al mare.

   ____

5. Abbiamo usato molti ingredienti per il sugo.

   ____

D. Complete each of the following sentences with a different adverb. (20 points)

1. ______________________ la lezione è interessante, ma oggi è noiosa.
2. Hai cucinato ______________________ la pasta.
3. Mia moglie è ______________________ bella.
4. Purtroppo, mio fratello canta ______________________.
5. Enrica va ______________________ in chiesa.
6. Non è ______________________ arrivata la lettera di Alfredo.
7. Il corso è difficile. ______________________, devi studiare ogni giorno.
8. D'inverno, andiamo ______________________ in montagna.
9. È ______________________ il fine settimana. Come il tempo passa

   ______________________.

 Copyright © Houghton Mifflin Company. All rights reserved.

Nome ______________________________ Corso __________ Data __________

E. Answer the following questions using vocabulary from Unità 5. Write complete sentences. (15 points)

1. Come si chiamano due cose che metti sulla tavola?

____

2. Per mangiare una bistecca alla griglia, quali posate usi?

____

3. Che dici quando la cena è pronta?

____

4. Quali sono alcuni ingredienti per un sugo per la pasta?

____

5. Per cucinare gli spaghetti, che usi?

____

F. Write what you would say in the following situations. (20 points)

1. You and your date have gone to an elegant restaurant to celebrate her birthday. When the waiter comes to your table, you ask to see the wine list.

____

2. You're not sure what to order for the first course so you ask the waiter for advice.

____

3. You tell your date that the risotto with shellfish is delicious.

____

4. After the meal, the waiter asks if you would like dessert. You tell him that you can't handle eating anything more.

____

Copyright © Houghton Mifflin Company. All rights reserved.

Nome ______________________________ Corso ___________ Data ___________

Extra Credit (2 points)

Write two expressions used in Italy to offer a toast.

1. ____

2. ____

Copyright © Houghton Mifflin Company. All rights reserved.

Nome ______________________________ Corso __________ Data __________

Quiz
Unità 6: A e B

A. Answer the oral questions using complete sentences. (25 points)

1. ____
2. ____
3. ____
4. ____
5. ____

B. Complete the following sentences using the **imperfetto** (imperfect tense) of the verbs in parentheses. (20 points)

1. Quando noi ______________________ (essere) bambini,

   ______________________ (andare) sempre alla spiaggia d'estate.
2. Cosa ______________________ (fare) tu sabato sera quando sono uscita?
3. Ieri sera ______________________ (piovere).
4. Mentre Michele ______________________ (suonare) il pianoforte, io

   ______________________ (studiare) la lezione.
5. Giulia e Luisa ______________________ (essere) contente di andare al

   cinema.
6. La signora ______________________ (avere) i capelli biondi.
7. Noi ______________________ (avere) paura che Marco non

   ______________________ (venire) alla festa.

Copyright © Houghton Mifflin Company. All rights reserved.

Nome ______________________________ Corso __________ Data __________

C. Complete the following sentences using the **imperfetto** (imperfect tense) or **passato prossimo** (past tense) of the verb, as appropriate. (20 points)

1. ______________________ (essere) le undici e mezzo quando Luca e io ______________________ (partire) per Venezia.
2. Mi ______________________ (piacere) quel film, anche se ______________________ (sembrare) molto lungo.
3. Mia madre ______________________ (avere) sei anni quando ______________________ (imparare) l'inglese.
4. ______________________ (nevicare), così voi ______________________ (rimanere) a casa.
5. Da bambino, io ______________________ (giocare) a scacchi spesso, lo ______________________ (sapere), Gina?

D. Complete the following sentences using expressions from Unità 6. (20 points)

1. Si può collezionare ______________________ o ______________________.
2. Il mio hobby è ______________________.
3. Un passatempo rilassante è ______________________.
4. Lo sport più popolare in Italia è ______________________.
5. Per fare la ginnastica, andiamo ______________________.
6. Il mio sport preferito è ______________________.
7. Ci sono cinque giocatori in questa ______________________.
8. Purtroppo, noi non ______________________ la gara.
9. Gli atleti vanno al campo per ______________________.

 Copyright © Houghton Mifflin Company. All rights reserved.

Nome ______________________________ Corso ___________ Data ___________

E. Complete the following sentences using the present or past form of the **tempo progressivo** (progressive tense), as appropriate, for the verbs in parentheses. (10 points)

1. Quando Enrico mi ha telefonato, _______________________ (guardare) la partita alla TV.
2. Giorgio non può andare alla mostra; _______________________ (lavorare) questo fine settimana.
3. I miei amici _______________________ (partire) quando mia madre è arrivata.
4. Che disastro! Noi _______________________ (perdere) la gara.
5. Voi _______________________ (correre) in campo mentre noi vi cercavamo.

F. Respond to the following questions or statements using one of the expressions listed, as appropriate. Use a different expression for each response. (5 points)

Caspita!	Che barba!	Che pena!	Chissà?
Dai!	Forza!	Porca miseria!	

1. Ho una collezione di francobolli. Vuoi vederla?

   ____

2. Non voglio venire alla partita con voi.

   ____

3. Abbiamo vinto 100 a 20, lo sapevi?

   ____

4. Abbiamo perso 20 a 100, lo sapevi?

   ____

5. Possiamo vincere la corsa questa volta?

   ____

Copyright © Houghton Mifflin Company. All rights reserved.

Nome ______________________________ Corso ___________ Data ___________

Extra Credit (2 points)

1. Name the Italian national soccer team: ________________________
2. Name the most widely read Italian sports newspaper:

   ____

Copyright © Houghton Mifflin Company. All rights reserved.

Nome ______________________________ Corso __________ Data __________

Quiz
Unità 6: C e D

A. Answer the oral questions using complete sentences. (25 points)

1. ____
2. ____
3. ____
4. ____
5. ____

B. Complete the following sentences using the future tense of the verbs in parentheses. (30 points)

1. Milena e Antonella ________________________ (arrivare) al Lido di Venezia nel pomeriggio.
2. Elisa e io ________________________ (mangiare) alle otto domani sera.
3. Quando ________________________ (partire) voi per la vacanza?
4. Guido ________________________ (prendere) il treno alle nove di mattina e ________________________ (essere) a Venezia fra un'ora e mezzo.
5. L'anno prossimo tu ________________________ (cominciare) gli studi all'università di Venezia.
6. La mia nuova amica ________________________ (venire) a cena domani sera.
7. Dopo pranzo ________________________ (fare) noi una passeggiata nel bosco.
8. I miei genitori ________________________ (pagare) il conto alla trattoria.
9. Paola, ________________________ (dovere) portare lo zaino con te per la gita in montagna.

Copyright © Houghton Mifflin Company. All rights reserved.

Nome ______________________________ Corso __________ Data __________

10. Io ______________________ (andare) a Cortina per sciare il mese prossimo.

11. Voi ______________________ (dormire) sotto le stelle alla spiaggia?

12. Le mie sorelle ______________________ (stare) a casa domani.

13. Che cosa ______________________ (dire) tu alla professoressa?

14. Pino ______________________ (rimanere) al mare per un'altra settimana.

C. Rewrite the following sentences by replacing the italicized words with the appropriate **pronomi tonici** (stressed pronouns). (20 points)

1. *Mi* piace prendere il sole alla spiaggia.

   ____

2. Luigi non *ci* ha dato il binocolo, *te* l'ha dato.

   ____

3. Marco ha ballato *con Laura* tutta la notte.

   ____

4. Michele pensa solo *a Michele*!

   ____

5. Secondo *il medico,* devi prendere la medicina per due settimane.

   ____

6. Non ho visto *i miei amici* in Piazza San Marco.

   ____

7. Andiamo da *Alfredo* stasera.

   ____

8. *Le* ho scritto due lettere, ma Elisabetta non mi ha risposto.

   ____

 Copyright © Houghton Mifflin Company. All rights reserved.

9. Non ci interessa dove andiamo, *vi* vogliamo vedere.

____

10. *Mi* hanno chiamato, non hanno chiamato *mio fratello*.

____

D. Answer the following questions using expressions from Unità 6. (15 points)

1. Come si arriva alla biblioteca dalla mensa?

____

2. Quando vai in montagna d'estate, che cosa fai?

____

3. Per fare un campeggio, che cosa porti?

____

4. Quando vai in vacanza, che cosa preferisci fare?

____

5. Che cosa ti piace fare al mare?

____

E. Write what you would say in the following situations. (10 points)

1. You're going camping with Gianni. Your cousin asks how long you've known him. You tell her that you've known Gianni for years.

____

2. You and your family are at a beach resort. You tell your parents that you want to go sunbathing on the beach and will need a lounge chair and an umbrella.

____

____

Copyright © Houghton Mifflin Company. All rights reserved.

Nome ______________________________ Corso ___________ Data ___________

Extra Credit (2 points)

1. Che cosa fanno gli italiani tipicamente la domenica dopo pranzo?

   ____

2. Come si chiamano le strette vie e le piccole piazze di Venezia?

   ____

 Copyright © Houghton Mifflin Company. All rights reserved.

Nome ______________________ Corso __________ Data __________

Final Exam
Unità Preliminare–Unità 6

A. Answer the oral questions using complete sentences. (50 points)

1. ____________________
2. ____________________
3. ____________________
4. ____________________
5. ____________________
6. ____________________
7. ____________________
8. ____________________
9. ____________________
10. ____________________

B. Complete the following sentences using the present tense of the verbs in parentheses. (20 points)

1. Ma ____________ (essere) sicuri voi? È vero?
2. Tu ____________ (giocare) a calcio?
3. Stasera ____________ (uscire) io con Roberto.
4. Il semestre ____________ (finire) il 15 dicembre.
5. Gina ____________ (dare) il giornale a Beppe.
6. Tu ____________ (venire) con noi alla festa?
7. Franco e Paolo non ____________ (potere) venire al cinema.
8. Noi ____________ (dovere) comprare i regali per Natale.
9. Dove ____________ (andare) loro per la vacanza?
10. Non mi ____________ (piacere) gli spinaci.

Copyright © Houghton Mifflin Company. All rights reserved.

Nome ______________________________ Corso __________ Data __________

C. Complete the following sentences using the future tense of the verbs in parentheses. (10 points)

1. Mario ________________________ (fare) colazione con noi domani.
2. Gli studenti ________________________ (pulire) le stanze la settimana prossima.
3. Che cosa ________________________ (bere) voi alla cena domani sera?
4. Io ________________________ (volere) riposare dopo la corsa.
5. ________________________ (andare) tu a Venezia l'anno prossimo?

D. Complete the following sentences using the **passato prossimo** (past tense) or **imperfetto** (imperfect tense) of the verbs in parentheses, as appropriate. (30 points)

1. ________________________ (essere) le sei e mezzo quando noi ________________________ (decidere) di mangiare senza Luigi.
2. Mentre voi ________________________ (spedire) una lettera all'ufficio postale, Giorgio ________________________ (fare) la spesa al mercato.
3. Io ________________________ (avere) cinque anni quando la mia famiglia ________________________ (andare) in Italia per la prima volta.
4. Quando le mie sorelle ________________________ (tornare) ieri sera, ________________________ (nevicare).
5. La nostra squadra ________________________ (vincere) sabato sera.
6. Da bambino, tu ________________________ (dormire) molto.
7. I miei genitori non ________________________ (venire) al ristorante ieri sera.
8. La signora ________________________ (scendere) dall'autobus.
9. Dove ________________________ (nascere) i tuoi zii?
10. Una lettera ________________________ (arrivare) dall'Italia.

 Copyright © Houghton Mifflin Company. All rights reserved.

Nome ______________________________ Corso ___________ Data ___________

E. Complete the following sentences using the present or past progressive tense of the verb, as appropriate. (10 points)

1. Mentre tu ________________________ (leggere) il libro ieri sera, il telefono ha squillato.
2. Elena non può guardare la televisione, ________________________ (scrivere) un tema.
3. Non mi piace parlare quando ________________________ (mangiare).
4. Gli studenti ________________________ (partire) quando il professore è entrato nell'aula.
5. Voi ________________________ (bere) lo spumante quando il cameriere ha portato il primo piatto.

F. Rewrite the following sentences using the **si impersonale** (impersonal) form. (10 points)

1. Vanno in ristorante stasera.

____

2. Studio sempre in biblioteca.

____

3. Mangi i tortellini la domenica?

____

4. Abbiamo imparato molte cose questo semestre.

____

5. Daria ha conosciuto molte persone simpatiche.

____

Copyright © Houghton Mifflin Company. All rights reserved.

Nome ______________________________ Corso __________ Data __________

G. Answer the questions in the following dialogues affirmatively, replacing all the nouns with pronouns. Write complete sentences. (20 points)

1. SIG. E SIG.RA FELCE Offri un caffè a noi?

   CAMERIERE ______________________________

2. ZIA TERESA I genitori portano i libri alle figlie?

   ZIO BEPPE ______________________________

3. PROFESSORESSA Avete dato i compiti a me?

   STUDENTI ______________________________

4. MARIO Hai regalato una rosa a Giulietta?

   ANTONIO ______________________________

5. GIORGIO Luigi ha dato le chiavi a suo fratello?

   ANTONELLA E PINO ______________________________

6. MADRE E PADRE Telefoni a noi stasera?

   FIGLIO ______________________________

7. LORENZA La signora prende un gelato per i bambini?

   EMILIA ______________________________

8. SERGIO Mi presti la tua penna, per piacere?

   CAROLINA ______________________________

9. GINA Vuoi scrivere una cartolina a Roberto?

   SOFIA ______________________________

10. CESARE Puoi rispondere al professore?

    LINDA ______________________________

 Copyright © Houghton Mifflin Company. All rights reserved.

Nome ______________________________ Corso __________ Data __________

H. Answer the following questions using **ci** or **ne** as appropriate. Write complete sentences. (20 points)

1. Vuoi andare in Italia?

____

2. Quanti fratelli hai?

____

3. Abiti nel dormitorio?

____

4. Parli dello sport con i tuoi amici?

____

5. Vai a casa per la vacanza?

____

6. Quanta Cocacola hai bevuto?

____

7. Hai scritto dei temi questo semestre?

____

8. Quante arance devi prendere?

____

9. Hai bisogno di fare la spesa?

____

10. Credi in Babbo Natale?

____

Copyright © Houghton Mifflin Company. All rights reserved.

Nome ______________________________ Corso ___________ Data ___________

I. Rewrite the following sentences using an adjective or adverb from the list. Use a different word for each item. (10 points)

alto	bene	difficile	intelligente	sempre
ancora	buono	facilmente	interessante	simpatico
bello	completamente	già	ricco	tipicamente

1. Donald Trump e Gianni Agnelli sono uomini.

____

2. La lettera non è arrivata.

____

3. Ho due amiche.

____

4. È un problema.

____

5. Ho trovato l'indirizzo.

____

6. Preferisco la professoressa.

____

7. Ti amo.

____

8. Mio babbo cucina la pasta.

____

9. Ho seguito quattro corsi.

____

10. Conosco una ragazza.

____

 Copyright © Houghton Mifflin Company. All rights reserved.

Nome ______________________________ Corso __________ Data __________

J. Rewrite the following sentences by replacing all singular forms with plural forms. (10 points)

1. Ho studiato la lezione.

   ____

2. Questo è lo zaino dello studente inglese.

   ____

3. Ho un vecchio amico che capisce l'italiano.

   ____

4. La città è comoda perché c'è un autobus.

   ____

5. Quando tu finisci l'esame, puoi andare a casa.

   ____

K. Complete the following sentences using the appropriate preposition. (10 points)

1. Vado ______________ mare stamattina.
2. Quest'estate andiamo ______________ Venezia.
3. Lino e Marta vengono ______________ Roma.
4. Claudia non è stata ______________ Stati Uniti.
5. Prende un treno ______________ stazione centrale.
6. ______________ zaino ci sono molti libri.
7. La domenica andiamo ______________ chiesa.
8. ______________ centro ci sono molti negozi.
9. C'è un programma ______________ televisione.
10. Conosciamo Carlo ______________ anni.

Copyright © Houghton Mifflin Company. All rights reserved.

Nome ______________________________ Corso __________ Data __________

L. Complete the following sentences using the possessive adjective indicated by the information in parentheses. (10 points)

1. ______________ cugina abita a Genova. (di Kevin)
2. Come sta ______________ padre? (di voi)
3. ______________ villa è grande. (di Gianni e Lisa)
4. ______________ sorelle studiano all'università. (di Maria)
5. ______________ amici sono bravi. (di noi)

M. Answer the following questions with complete sentences. (30 points)

1. Perugia è una regione in Italia, non è vero?

____

2. Quale stagione preferisci?

____

3. Che cosa metti sullo scaffale nella tua camera?

____

4. A che ora arrivi all'università?

____

5. Qual è il tuo indirizzo di studio?

____

6. Come si chiama una scuola per i bambini piccoli?

____

7. Quando apparecchi la tavola per una cena elegante, che cosa ci metti?

____

8. Qual è uno sport che si fa d'inverno?

____

 Copyright © Houghton Mifflin Company. All rights reserved.

Nome ______________________________ Corso __________ Data __________

9. Che dici quando la tua squadra perde?

____

10. Quali passatempi ti piacciono?

____

N. Identify an item from the following list that you can buy at each store and write the corresponding letter in the blank. (10 points)

a. le uova
b. il formaggio
c. una bistecca
d. il pane
e. i biscotti
f. l'aspirina
g. il profumo
h. il caffè
i. una mela
j. un biglietto d'auguri
k. il pesce
l. un portafoglio

1. _____ Al forno.
2. _____ In farmacia.
3. _____ Alla torrefazione.
4. _____ In profumeria.
5. _____ Alla macelleria.
6. _____ Alla salumeria.
7. _____ Alla pasticceria.
8. _____ Alla polleria.
9. _____ Alla cartoleria.
10. _____ Dal fruttivendolo.

O. You and a date are at a restaurant. Imagine your conversation with the waiter. Write a dialogue of at least five sentences. (25 points)

____

____

____

____

____

____

____

____

____

Copyright © Houghton Mifflin Company. All rights reserved.

Nome ______________________________ Corso __________ Data ___________

P. Write a paragraph of at least five sentences on one of the following topics: (1) my ideal vacation, (2) my favorite sport, or (3) my freshman semester. (25 points)

____

____

____

____

____

____

____

____

____

____

____

____

Copyright © Houghton Mifflin Company. All rights reserved.

Nome ______________________________ Corso __________ Data __________

Quiz
Unità 7: A e B

A. Answer the oral questions using complete sentences. (25 points)

1. ____
2. ____
3. ____
4. ____
5. ____

B. Complete the following sentences using the appropriate form of the reflexive verb in parentheses. (10 points)

1. Angela non è pronta; ________________________ (pettinarsi).
2. Quando non dormiamo abbastanza, noi ________________________ (ammalarsi).
3. I ragazzi ________________________ (farsi) male ieri durante la partita di football.
4. Dovete ________________________ (svegliarsi) presto domani.
5. Quando ci si arrabbia, non ________________________ (divertirsi).

C. Answer the following questions using the reciprocal form of the verb. (10 points)

1. Romeo ama Giulietta?

____

2. Hai visto Luca ieri?

____

3. Beppe si è innamorato di Lisa?

____

Copyright © Houghton Mifflin Company. All rights reserved.

Nome ______________________________ Corso __________ Data __________

4. Incontrate la professoressa spesso in centro?

____

5. Angelo ha sposato Angela recentemente?

____

D. Compose sentences that use the following elements and express the comparative relationship specified in parentheses. (10 points)

1. Fare caldo / in Italia / in Svizzera (+)

____

2. Milano / essere / grande / Roma (–)

____

3. Alicia Silverstone / essere / bella / brava (+)

____

4. Roma / essere / antica / Napoli (=)

____

5. Noi / preferire / viaggiare / stare a casa (+)

____

E. Complete the following sentences using the appropriate comparative and superlative forms of the adjective or adverb in parentheses. (10 points)

1. I broccoli sono cattivi; i piselli sono ________________________; ma il cavolo è ________________________ verdura. (cattivo)

2. Io canto bene; Mariah Carey canta ________________________; ma Cecilia Bartoli canta ________________________. (bene)

3. Dante è ________________________ poeta del medioevo (*Middle Ages*). (famoso)

Copyright © Houghton Mifflin Company. All rights reserved.

Nome ______________________________ Corso __________ Data __________

4. Questi spaghetti sono ______________________. (buono)

5. Marianna è la mia sorella ______________________. (grande)

6. Mario è il mio fratello ______________________. (piccolo)

7. *Vogue* è ______________________ rivista di moda negli Stati Uniti. (bella)

8. Il medico è ______________________. (ricco)

F. What part of your body would you use to perform the following activities? (5 points)

1. Vedere un film. ______________

2. Camminare. ______________

3. Mangiare i tortellini. ______________

4. Sentire il profumo di un fiore. ______________

5. Ascoltare musica. ______________

G. Answer the following questions using vocabulary from Unità 7. Write complete sentences. (15 points)

1. Che cosa ti metti quando fa caldo?

____

2. Che cosa ti metti quando piove?

____

3. Che cosa indossi quando vai a una festa?

____

4. Quale tipo di vestiti preferisci?

____

5. Di che colore sono le tue scarpe preferite?

____

Copyright © Houghton Mifflin Company. All rights reserved.

Nome ______________________________ Corso __________ Data __________

H. Write what you would say in the following situations. (15 points)

1. You meet a friend whom you haven't seen all summer and you think she looks great.

   ____

2. Your mother tells you that dinner is ready. You tell her that you have to wash your hands before eating.

   ____

3. A salesperson is encouraging you to buy an expensive item of clothing designed by Armani. You tell her that you don't care about designer clothes.

   ____

Extra Credit (2 points)

Complete the following sentences using expressions from Unità 7.

1. Quando una persona parla molto e dice quel che pensa, si dice che

   ________________________.

2. Un film o romanzo con una trama poliziesca e misteriosa si chiama

   ________________________.

Copyright © Houghton Mifflin Company. All rights reserved.

Nome ______________________ Corso __________ Data __________

Quiz
Unità 7: C e D

A. Answer the oral questions using complete sentences. (25 points)

1. ______________________________
2. ______________________________
3. ______________________________
4. ______________________________
5. ______________________________

B. Complete the following sentences using the conditional form of the verb in parentheses. (20 points)

1. Gregorio e io ______________________ (andare) a Cancun, ma non abbiamo i soldi.
2. ______________________ (pagare) tu per me per andare al cinema?
3. Quando sto male, ______________________ (dormire) tutto il giorno!
4. Mario ______________________ (volere) andare a Milano quest'estate.
5. I miei genitori non ______________________ (essere) contenti perché non ho studiato ieri sera.
6. Con un milione di dollari, che cosa ______________________ (fare) tu?
7. Voi non ______________________ (dovere) lasciare i soldi in camera con la porta aperta.
8. Stasera mi ______________________ (piacere) stare a casa perché non sto bene.
9. Lei ______________________ (potere) darmi uno sconto?
10. I clienti ______________________ (desiderare) vedere la nuova collezione di Max Mara.

Copyright © Houghton Mifflin Company. All rights reserved.

Nome ______________________________ Corso __________ Data ___________

C. Complete the following sentences using the imperative form of the verb in parentheses. (20 points)

1. ________________________ (scusare), dottor Donato, che cosa ha detto?
2. Signora, ________________________ (avere) pazienza!
3. Professor Roselli, ________________________ (sentire), posso completare il compito per domani?
4. ________________________ (guardare) la lavagna, Sandro!
5. Mario e Sabrina, ________________________ (fare) attenzione!
6. Angela, non ________________________ (parlare) durante il film.
7. Non ________________________ (preoccuparsi), Professoressa Martelli.
8. ________________________ (andare, noi) alla sfilata, Elena!
9. ________________________ (stare) zitti, ragazzi!
10. Signori, non ________________________ (toccare) i vestiti, per piacere!

D. Compose sentences based on the following elements. Use the imperative form and replace the nouns with pronouns. (10 points)

1. Noi / non dimenticare / le chiavi

   ____

2. Voi / provarsi / i vestiti

   ____

3. Guido / dire / a me

   ____

4. Signor Monti / figurarsi

   ____

5. Andarsene / Luigi

   ____

Copyright © Houghton Mifflin Company. All rights reserved.

Nome ______________________________ Corso ___________ Data ___________

E. Answer the following questions using vocabulary from Unità 7. (15 points)

1. Come si chiama la parte di un negozio dove si possono provare i vestiti?

____

2. Come si chiamano le riduzioni sul prezzo di un articolo in un negozio?

____

3. Cosa fa una sarta?

____

F. Write what you would say in the following situations. (10 points)

1. Your mother has tickets to a fashion show featuring the latest collection by Gianni Versace and asks if you would like to go. You tell her that you wouldn't miss it for the world.

____

2. Your friend invites you to go shopping in a chic boutique on Via Manzoni in Milan. You tell her that, at the very least, you would like to buy some costume jewelry.

____

Extra Credit (2 points)

Name two Italian designers famous for young and innovative fashions.

____

Copyright © Houghton Mifflin Company. All rights reserved.

Nome ______________________________ Corso __________ Data __________

Quiz
Unità 8: A e B

A. Answer the oral questions using complete sentences. (25 points)

1. ____
2. ____
3. ____
4. ____
5. ____

B. Complete the following sentences using the present tense of the **congiuntivo** (subjunctive mood) for the verb in parentheses. (30 points)

1. È opportuno che io ______________________ (seguire) questo corso.
2. Tu pensi che Mario e Elisabetta ______________________ (uscire)?
3. Per superare l'esame, basta che voi ______________________ (imparare) bene la grammatica.
4. È incredibile che Enrico ______________________ (dimenticare) il numero di telefono della sua ragazza.
5. Sembra che i bambini ______________________ (dormire) bene.
6. È indispensabile che noi ______________________ (rispondere) alla domanda.
7. Credo che Fulvio non ______________________ (capire) l'inglese.
8. Mia madre vuole che io ______________________ (fare) bene sull'esame.
9. È bene che loro ______________________ (andare) a Torino questo mese.
10. Pensi che Claudio ______________________ (venire) alla festa stasera?
11. È probabile che tu ______________________ (avere) ragione.

Copyright © Houghton Mifflin Company. All rights reserved.

12. Ho paura che mio fratello non ______________________ (rimanere) per la cena.

13. Speriamo che nostra figlia ______________________ (diventare) una giornalista.

14. Signora Maraini desidera che suo marito ______________________ (realizzarsi) come un ingegnere.

15. Sono triste che voi non ______________________ (potere) venire da me domani sera.

C. Rewrite the following sentences using a different impersonal expression in each. (10 points)

1. Ho trovato la strada facilmente.

____

2. Dovete lavorare sodo per diventare medico.

____

3. Devi fare il pendolare quando abiti in periferia.

____

4. Non posso studiare a casa.

____

5. Preferisco prendere un taxi perché è più veloce.

____

 Copyright © Houghton Mifflin Company. All rights reserved.

Nome ______________________________ Corso __________ Data __________

D. Select the occupation from the list that matches each of the following descriptions. (5 points)

il contadino	il musicista	l'artigiano	il ragioniere
l'operaio	il falegname	l'infermiere	

1. Produce articoli fatti a mano. ______________________
2. Lavora alla fattoria. ______________________
3. Lavora in fabbrica. ______________________
4. Lavora in ufficio. ______________________
5. Costruisce edifici. ______________________

E. Answer the following questions using vocabulary from Unità 8. Write complete sentences. (15 points)

1. Quando ti fa male un dente, da chi vai?

   ____

2. Quando non funziona il bagno, chi chiami?

   ____

3. Quale mezzo di trasporto prenderesti per andare su un'isola?

   ____

4. Come si chiama una persona che ti porta nella sua macchina?

   ____

5. Che cosa devi fare per avere il permesso di guidare?

   ____

Copyright © Houghton Mifflin Company. All rights reserved.

Nome ______________________________ Corso __________ Data __________

F. Write what you would say in the following situations. (15 points)

1. Your little sister thinks you're really angry at her. You tell her that you're not angry; you're just teasing her.

____

____

2. Your friend sees that you're upset. You tell him that you got a ticket this morning and will have to pay $25.

____

____

3. Your roommate acts funny when she's around Gianluca. You ask her if she has a crush on him or if she really can't stand him.

____

____

Extra Credit (2 points)

Write the complete names of two major Italian automobile manufacturers.

____

Copyright © Houghton Mifflin Company. All rights reserved.

Nome ______________________________ Corso ___________ Data ___________

Quiz
Unità 8: C e D

A. Answer the oral questions using complete sentences. (25 points)

1. ____
2. ____
3. ____
4. ____
5. ____

B. Complete the following sentences using the present tense of the **congiuntivo** (subjunctive mood) for the verb in parentheses. (30 points)

1. È importante che la nuova macchina ________________________ (piacere) a Roberto.
2. Sono contento che i miei genitori ________________________ (pagare) le tasse universitarie per me.
3. Dubito che Claudio ti ________________________ (dare) una mano.
4. È strano che Luisa e Marco non ________________________ (volere) uscire con noi.
5. Credo che voi ________________________ (sapere) perché vi ho chiamati qui.
6. È la migliore auto che ci ________________________ (essere) in Italia.
7. Non vogliamo che gli operai ________________________ (fare) sciopero quest'estate.
8. Torniamo a casa prima che ________________________ (cominciare) a nevicare.
9. Parlerò con quella ragazza nonostante che non la ______________ (conoscere).
10. È bene che Giancarlo ______________ (lavorare) nella ditta.

Copyright © Houghton Mifflin Company. All rights reserved.

Nome ______________________________ Corso ___________ Data ___________

C. Complete the following sentences using a different conjunction in each. (10 points)

1. ______________ io studi molto, non capisco ancora tutto.
2. I miei genitori lavorano ______________ io possa frequentare l'università.
3. Posso andare in montagna con te ______________ io finisca prima i compiti?
4. Possiamo avere una vacanza al mare quest'estate ______________ guadagniamo tutti i soldi necessari.
5. Giulia, tu devi partecipare nel progetto. Non collaboro io ______________ collabori anche tu!

D. Rewrite the following pairs of sentences, joining each pair with an appropriate relative pronoun. (10 points)

1. Parlo con l'uomo. L'uomo è mio padre.

____

2. Studiamo ad un'università. L'università è su una collina.

____

3. La donna è una professoressa. Suo marito è un architetto.

____

4. L'autore parla con il pubblico. I libri dell'autore sono molto interessanti.

____

5. Ho visto un film ieri. Il film era una storia di due donne disoccupate.

____

6. Hanno comprato una macchina. La macchina è giapponese.

____

7. L'ingegnere parla di un prodotto elettronico. Il prodotto è nuovo.

____

 Copyright © Houghton Mifflin Company. All rights reserved.

Nome ______________________________ Corso __________ Data __________

8. Hai comprato un cappotto? Il cappotto è di Fendi?

____

9. Il paese è piccolissimo. La dirigente è nata in quel paese.

____

10. Il capo diceva qualcosa. Il libero professionista non ha capito.

____

E. Complete the following sentences using expressions from Unità 8. (10 points)

1. Quando cerchi un lavoro devi consultare ____________________________.
2. Quando un dirigente cerca nuovo personale, chiede di vedere ________________________ della persona.
3. Quando un capo non è soddisfatto del lavoro dell'impiegato, il capo ________________________ l'impiegato.
4. Per avere esperienza in un campo, si può fare ________________________.
5. Quando si fa un lavoro, si guadagna ________________________.
6. Le persone che lavorano con te sono ________________________.
7. Gli operai fanno uno sciopero per ________________________ le condizioni del lavoro.
8. Ho fatto domanda di lavoro alla Fiat. Spero che loro mi chiamino per ________________________.
9. Sono fortunato! La ditta mi ________________________ per il lavoro. Comincerò a lavorare la settimana prossima.
10. Spero di ________________________ trovare un lavoro presto.

Copyright © Houghton Mifflin Company. All rights reserved.

Nome ______________________________ Corso __________ Data __________

F. Write what you would say in the following situations. (15 points)

1. Your friend is working two part-time jobs plus going to school. You tell him that in your opinion, he has too many irons in the fire.

____

____

2. Your brother is not getting along with some of his co-workers. You tell him that it's important to maintain good relations with colleagues.

____

____

3. Your friend mentions that it's already noon. You say that reminds you that you have to run because you have an appointment at the industrial plant.

____

____

Extra Credit (2 points)

Write a one-sentence advertisement for a job.

____

 Copyright © Houghton Mifflin Company. All rights reserved.

Nome ________________________ Corso __________ Data __________

Quiz
Unità 9: A e B

A. Answer the oral questions using complete sentences. (25 points)

1. ______________________________
2. ______________________________
3. ______________________________
4. ______________________________
5. ______________________________

B. Complete the following sentences using the **passato prossimo** (past tense) or **trapassato prossimo** (pluperfect tense), as appropriate, of the verb in parentheses. (20 points)

1. Noi ____________________ (fare) già i compiti quando ____________________ (uscire).
2. Quando io ____________________ (svegliarsi) stamattina la mia amica ____________________ (partire) già per la Sardegna.
3. Tu non ____________________ (trascorrere) mai le vacanze a Cagliari prima di questa volta? Io ci ____________________ (stare) l'anno scorso.
4. Appena Mariangela ____________________ (comprare) il biglietto, ____________________ (salire) sul treno.
5. Dopo che loro ____________________ (farsi) la doccia, ____________________ (bere) il caffè.

Copyright © Houghton Mifflin Company. All rights reserved.

Nome ______________________________ Corso __________ Data __________

C. Complete the following sentences using the **congiuntivo imperfetto** (imperfect subjunctive) of the verb in parentheses. (20 points)

1. Credevo che Mario ________________________ (venire) alla sagra.
2. Ero contenta che voi ________________________ (andare) in vacanza con noi.
3. Pensavamo che loro ________________________ (essere) italiani.
4. Era importante che io ________________________ (capire) tutto a proposito del viaggio.
5. Non sapevi che noi ________________________ (parlare) italiano?
6. Pensavo che Annamaria ________________________ (avere) un appuntamento alle sei.
7. Era bene che tu ________________________ (fare) attenzione.
8. È andato tutto bene sebbene voi ________________________ (stare) a casa.
9. Non credevo a quel che ________________________ (dire) lui.
10. Era necessario che noi ________________________ (leggere) molti libri per quel corso.

D. Complete the following sentences using vocabulary from Unità 9. (20 points)

1. La persona che aiuta con le valigie alla stazione si chiama ________________________.
2. Per comprare un biglietto, vai ________________________.
3. Si può comprare un biglietto di ________________________ o di ________________________, che costa meno.
4. Aspetti il treno nella ________________________.
5. Il treno ________________________ e il treno ________________________ non sono veloci.
6. Per un treno molto veloce, bisogna pagare ________________________.

 Copyright © Houghton Mifflin Company. All rights reserved.

7. Per sciare durante l'inverno, gli italiani fanno ______________________.

8. Per ________________________ il Capodanno, è tradizionale buttare via delle vecchie cose.

E. Write what you would say in the following situations. (15 points)

1. The Olympics are being held in your city beginning tomorrow. You call your parents to say that it's incredible: there's a ton of people at the train station.

____

____

2. You're at the ticket counter in the train station. You politely ask for a roundtrip ticket to Cagliari.

____

____

3. Your cousin meets you at the train station after a summer rainstorm. You exclaim in surprise that she's soaking wet.

____

____

Extra Credit (2 points)

Name two types of rapid Italian trains.

1. ________________________ 2. ________________________

Copyright © Houghton Mifflin Company. All rights reserved.

Nome ______________________________ Corso __________ Data __________

6. Tutti i miei amici vanno a quel locale; è veramente

    ________________________ per noi.

7. Prima di andare in discoteca, dobbiamo fermarci alla

    ________________________ per comprare la benzina.

8. Non mi piace ballare quando ________________________ è così piena di

    gente.

9. La persona al volante è ________________________.

10. Ho preso una multa perché ho superato il limite di

    ________________________.

E. Write what you would say in the following situations. (15 points)

1. Your sister calls to complain that her car broke down as she was taking her computer to be fixed, and that she had to miss a concert because her car was at the mechanic. You tell her that she has bad luck and that everything always seems to happen to her.

    ____

    ____

2. Someone you've just begun dating asks if you like to dance. You say that you're an excellent dancer and like to dance slow dances.

    ____

    ____

3. Some friends ask if you can drive them to a party that's rather far away. You tell them that you're sick of driving and need to fill up your gas tank before going on the freeway.

    ____

    ____

Copyright © Houghton Mifflin Company. All rights reserved.

Nome ______________________________ Corso ___________ Data ___________

Extra Credit (2 points)

Answer the following question based on information in Unità 10.

A che cosa riferisce il fenomeno chiamato "la strage del sabato sera"?

____

____

____

Copyright © Houghton Mifflin Company. All rights reserved.

Nome ______________________________ Corso __________ Data __________

Quiz
Unità 11: A e B

A. Answer the oral questions using complete sentences. (25 points)

1. ______________________________
2. ______________________________
3. ______________________________
4. ______________________________
5. ______________________________

B. Complete the following sentences using the **passato remoto** (preterit) form of the verb in parentheses. (30 points)

1. Dante e Petrarca ________________ (essere) poeti.
2. Cosa ________________ (scrivere) Boccaccio?
3. Machiavelli non ________________ (avere) molti amici.
4. Quando ________________ (vivere) Galileo?
5. Mio padre ________________ (andare) a Firenze molti anni fa.
6. Noi non ________________ (vedere) quel film da bambini.
7. Quando ________________ (finire) la Seconda guerra mondiale?
8. Che cosa ________________ (fare) Botticelli e Ghirlandaio?
9. I soldati ________________ (tornare) nel 1946.
10. Voi non ________________ (essere) presenti in quell'occasione.
11. Tu non ________________ (venire) alla festa l'anno scorso.
12. Quando ________________ (nascere) la Repubblica Italiana?
13. Leonardo da Vinci ________________ (dipingere) tanti quadri famosi.

Copyright © Houghton Mifflin Company. All rights reserved.

14. Io ______________________ (leggere) quel libro cinque anni fa.

15. Mio nonno ______________________ (conoscere) bene la città di Siena.

C. Write in words the ordinal number that corresponds to each of the following cardinal numbers. (7 points)

1. 5 ______________________
2. 8 ______________________
3. 100 ______________________
4. 68 ______________________
5. 23 ______________________
6. 10 ______________________
7. 9 ______________________

D. Write in words two ways of referring to the following centuries. (8 points)

1. 1200–1300 ______________________ ______________________
2. 1500–1600 ______________________ ______________________
3. 1900–2000 ______________________ ______________________
4. 2000–2100 ______________________ ______________________

E. Write a synonym for the italicized expression in each of the following sentences. (10 points)

1. Non voglio parlare davanti alla classe. *Che paura.* ______________________
2. Ho qui un libro interessante per te. *Prendi!* ______________________
3. *Questo libro* contiene molti autori e pezzi delle loro opere.

____

 Copyright © Houghton Mifflin Company. All rights reserved.

Nome ______________________________ Corso __________ Data __________

4. Non abbiamo nemmeno una copia di questo libro; *è finito.*

____

5. Non ho tempo per fare delle cose divertenti, così *non suono più il pianoforte.*

____

F. Complete the following sentences using expressions from Unità 11. (20 points)

1. Una ditta che pubblica libri è ______________________.
2. Un libro con molti bei disegni è ______________________.
3. Una libreria che ha molti libri è ben ______________________.
4. Un autore scrive ______________________; un poeta scrive ______________________.
5. Un grande libro, un libro classico che tutti leggono, è ______________________.
6. Edgar Allen Poe è famoso per i suoi ______________________; quando ce ne sono più di uno insieme, si chiama ______________________.
7. Il romanzo ______________________ di un ragazzo che vive in un piccolo paese della Toscana.
8. Nel corso di letteratura, noi ______________________ le opere letterarie.

Extra Credit (2 points)

Name a famous work by each of the following writers.

Dante ____

Boccaccio ____

Copyright © Houghton Mifflin Company. All rights reserved.

Nome ______________________________ Corso __________ Data __________

Quiz
Unità 11: C e D

A. Answer the oral questions using complete sentences. (25 points)

1. ____
2. ____
3. ____
4. ____
5. ____

B. Complete the following conversations using **che** or **quale,** as appropriate. (10 points)

1. —______________ film avete visto?

   —Abbiamo visto *Apollo 13* e *Il Postino*.

2. —Marco, ______________ fai di bello stasera?

   —Non faccio niente.

3. —Sto leggendo un bel libro!

   —______________ è l'argomento?

4. —Ho visto *Pride and Prejudice* ieri.

   —______________ bello, quel film!

5. —Ho preso delle lettere dalla posta.

   —______________ sono le mie?

   —Eccole.

Copyright © Houghton Mifflin Company. All rights reserved.

Nome ______________________________ Corso ___________ Data ___________

C. Answer the following questions using indirect discourse. (30 points)

1. "Sono contento di vederti, Angela!" Cosa dice Roberto?

____

2. "Ho studiato molto ieri sera." Cosa sta dicendo Luisa?

____

3. "Ho visto un bel film ieri." Cosa ha detto Gianni?

____

4. "Andrò in Italia l'anno prossimo." Cosa ha detto Maria?

____

5. "Mi piace questo libro." Cosa ha detto il bambino?

____

6. "Domani comprerò un nuovo vestito." Cosa ha detto Anna?

____

7. "Vengo con te alla festa." Cosa dirà Giuseppe alla sua ragazza?

____

8. "Voglio stare a casa stasera." Cosa ha detto la signora?

____

9. "Leggo questo giornale ogni giorno." Cosa diceva Marianna?

____

10. "Siamo contenti." Cosa direbbero Sig. e Sig.na Amati?

____

 Copyright © Houghton Mifflin Company. All rights reserved.

Nome ______________________________ Corso __________ Data __________

D. Complete the following sentences using expressions from Unità 11. (20 points)

1. Diversi giornali sono pubblicati in diverse città italiane.

   ______________________ è pubblicato a ______________________ e

   ______________________ è pubblicato a ______________________.

2. I settimanali più conosciuti in Italia, che contengono informazioni di politica, economia, costume e spettacolo, sono ______________________ e ______________________.

3. Si può comprare un giornale ______________________.

4. Un giornale che è pubblicato ogni giorno è anche chiamato ______________________, e una rivista che è pubblicato ogni mese è anche chiamato ______________________.

5. La parte culturale del giornale è anche chiamato ______________________.

E. Answer the following questions based on information presented in Unità 11. Write complete sentences. (15 points)

1. Per sapere velocemente quel che succede nel mondo, leggi i titoli o una rubrica?

   ____

2. Come si chiama la televisione pubblica in Italia?

   ____

3. È vero che i canali pubblici in Italia trasmettono molti spot pubblicitari?

   ____

4. Per sapere le notizie del giorno, guardi un telefilm sulla televisione o un altro programma?

   ____

5. Cosa si usa per cambiare i canali della televisione?

   ____

Copyright © Houghton Mifflin Company. All rights reserved.

Nome ______________________________ Corso ___________ Data ___________

Extra Credit (2 points)

Name two major Italian poets from the fifteenth century.

____

 Copyright © Houghton Mifflin Company. All rights reserved.

Nome ______________________________ Corso __________ Data __________

Quiz
Unità 12: A e B

A. Answer the oral questions using complete sentences. (25 points)

1. ____
2. ____
3. ____
4. ____
5. ____

B. Complete the following sentences using the appropriate form of the verb in parentheses. (30 points)

1. La senatrice spera che la crisi del governo _______________________ (finire) entro una settimana.
2. Il presidente ha detto che _______________________ (parlare) al giornalista domani.
3. So che mio fratello _______________________ (decidere) già di studiare la politica.
4. Giuliana sapeva che Piero _______________________ (essere) pessimista.
5. Voi avete detto che _______________________ (votare) nelle prossime elezioni.
6. Credo che il senatore _______________________ (affrontare) i problemi dello stato.
7. Pensavamo che Franco _______________________ (impegnarsi) al suo nuovo lavoro.
8. Era incredibile che i cittadini _______________________ (eleggere) quel senatore per la seconda volta.

Copyright © Houghton Mifflin Company. All rights reserved.

9. Avevo paura che lui ______________________ (vincere) l'elezione.
10. Era peccato che loro non ______________________ (potere) venire ieri sera.
11. Sarebbe bello se non ci ______________________ (essere) il problema della disoccupazione.
12. Sarebbe brutto se Paolo non ci ______________________ (dire) la verità.
13. Ho pensato che tu non ______________________ (arrivare) ieri sera.
14. È possibile che i suoi costumi ______________________ (cambiare) quando vivrà in Italia.
15. Se tu ______________________ (andare) alla manifestazione, non saresti pronto per l'esame.

C. Rewrite the following sentences using the passive voice. (30 points)

1. Tante persone preferiscono le reti commerciali.

____

2. I professori correggono gli esami.

____

3. Giorgio ha fatto i paragoni fra gli italiani e gli italo-americani.

____

4. Mia madre preparava la cena.

____

5. Il programma non riflette i valori veri della vita italiana.

____

6. Il Presidente della Repubblica ha nominato il Presidente del Consiglio.

____

 Copyright © Houghton Mifflin Company. All rights reserved.

Nome ______________________________ Corso __________ Data __________

7. I ministri hanno scelto il Presidente del Consiglio.

____

8. Il giornalista scriverà l'articolo stasera.

____

9. Le due camere legislative hanno scritto le leggi.

____

10. Darò il regalo alla mia amica domani.

____

D. Answer the following questions using expressions from Unità 12. (15 points)

1. Quali sono alcuni valori degli americani?

____

2. Quali sono alcuni stereotipi degli italiani?

____

3. Secondo te, i politici americani generalizzano spesso?

____

4. Qual è la tua immagine dell'americano medio?

____

5. Quali differenze ci sono tra il sistema governativo italiano e quello americano?

____

Extra Credit (2 points)

Name two Italian colonies that existed during the Fascist period.

____

Copyright © Houghton Mifflin Company. All rights reserved.

Nome ______________________________ Corso __________ Data __________

Quiz
Unità 12: C e D

A. Answer the oral questions using complete sentences. (25 points)

1. ______________________________

2. ______________________________

3. ______________________________

4. ______________________________

5. ______________________________

B. Rewrite the following sentences using the ***si* passivante** (impersonal passive) form of the verb in parentheses. (30 points)

1. La cultura italiana si è confusa con quella italo-americana.

 ____

2. L'italiano era parlato in famiglia.

 ____

3. La cultura degli immigrati è stata studiata in classe.

 ____

4. Molti stereotipi degli italo-americani sono stati visti nel film *Il Padrino*.

 ____

5. A casa nostra, gli spaghetti non sono mangiati ogni giorno.

 ____

6. Il sogno è stato realizzato.

 ____

7. L'ambasciatore non è conosciuto bene all'estero.

 ____

Copyright © Houghton Mifflin Company. All rights reserved.

8. La meta era raggiunta.

____

9. Il problema degli extracomunitari è discusso molto in Italia.

____

10. Dei brindisi in onore dell'ambasciatore erano fatti.

____

C. Complete the following sentences using the appropriate form of the verb in parentheses. (20 points)

1. L'Italia ________________________ (essere) uno stato giovane poiché ________________________ (raggiungere) l'unità nazionale solo nel 1861.
2. Gli studenti non sapevano che nel passato ci ________________________ (essere) numerosi partiti politici in Italia.
3. La professoressa crede che la cultura italiana ________________________ (cambiare) con l'arrivo degli immigrati.
4. Era importante che gli italiani ________________________ (scegliere) fra monarchia e repubblica.
5. Se io ________________________ (abitare) in un altro paese, lo ________________________ (trovare) difficile integrarmi.
6. I miei nonni hanno sperato che io ________________________ (avere) una vita migliore.
7. Ho saputo che tu ________________________ (lavorare) in Italia prima di venire negli Stati Uniti.
8. Hanno previsto che in futuro gli immigrati ________________________ (contribuire) tanto alla cultura.

 Copyright © Houghton Mifflin Company. All rights reserved.

Nome ______________________________ Corso __________ Data __________

D. Answer the following questions based on information presented in Unità 12. Write complete sentences. (15 points)

1. Quali generalizzazioni sugli italo-americani trovi offensive?

____

____

2. Quali sono alcuni contributi degli italo-americani alla società americana?

____

____

3. Per quanto riguarda la cultura americana, che cosa ti dà fastidio?

____

____

4. Nel tuo parere, qual è il momento storico più importante del tuo paese?

____

____

5. Perché spende tanto il governo italiano per il restauro del patrimonio artistico?

____

____

Copyright © Houghton Mifflin Company. All rights reserved.

Nome ______________________________ Corso __________ Data __________

E. Write what you would say in the following situations. (10 points)

1. Kevin makes a prejudiced comment to Lino from Palermo. You assure Lino that Kevin was speaking without thinking and didn't mean to offend him.

____

____

2. You're reminiscing with your sister about the other children who lived on the block where you grew up. You tell her that you haven't seen Mario for years and ask if she knows what ever happened to him.

____

____

Extra Credit (2 points)

Name two Italian political parties that no longer exist.

____

Copyright © Houghton Mifflin Company. All rights reserved.

Nome ________________________________ Corso ___________ Data ___________

Final Exam
Unità 7–Unità 12

A. Answer the oral questions using complete sentences. (50 points)

1. ____

2. ____

3. ____

4. ____

5. ____

6. ____

7. ____

8. ____

9. ____

10. ____

B. Complete the sentences in the following paragraph using the **passato remoto** (preterit) form of the verb in parentheses. (30 points)

Tanti anni fa, quando studiavo la Seconda guerra mondiale (*World War II*) per la prima volta a scuola, _________________________ (pensare) ai miei nonni che _________________________ (vivere) in Italia. Così io _________________________ (chiedere) a mia nonna, "Dove _________________________ (stare) tu durante la guerra? _________________________ (vedere) molto della guerra?" Lei mi _________________________ (dire), "Cara mia, noi _________________________ (restare) in campagna durante la guerra. Tuo nonno _________________________ (vendere) il latte e io _________________________ (fare) il formaggio parmigiano.

Copyright © Houghton Mifflin Company. All rights reserved.

Nome ______________________________ Corso ___________ Data ___________

Ma i tuoi zii ________________________ (essere) soldati." A scuola,

io ________________________ (leggere) che gli americani e gli

inglesi ________________________ (andare) in Italia per liberare

(*liberate*) il paese dall'occupazione tedesca. Uno scrittore famoso,

Primo Levi, ________________________ (scrivere) della sua

esperienza in un campo di concentramento (*concentration camp*) dove

molte persone ________________________ (morire). Dopo la guerra,

i miei nonni ________________________ (immigrare) negli Stati Uniti.

C. Combine the following sentences, using a different relative pronoun each time. (5 points)

1. Mio fratello colleziona l'arte americana. I quadri di mio fratello sono molto belli.

   ____

2. Telefono alla mia amica. La mia amica viaggia spesso per lavoro.

   ____

3. Ho visto un concerto ieri sera. Il concerto era bello.

   ____

4. La donna è un medico famoso. Tu mi hai visto con una donna.

   ____

5. La signora legge un libro. Il libro sembra divertente.

   ____

 Copyright © Houghton Mifflin Company. All rights reserved.

Nome ______________________________ Corso __________ Data __________

D. Answer the following questions using a different negative expression in each response. (5 points)

1. Frequenti il liceo?

____

2. Conosci molte persone in Russia?

____

3. Che cosa hai mangiato oggi?

____

4. Bevi il caffè e il tè?

____

5. Ti sei già laureato?

____

E. Complete the following sentences using the appropriate tense (present, past, imperfect, or pluperfect) of the **congiuntivo** (subjunctive mood). (30 points)

1. Sono contenta che Giorgio ______________________ (fare) due passi con me qui in centro.
2. È bene che tu ______________________ (dormire) molto ieri sera.
3. Non volevo che Riccardo ______________________ (sapere) il mio programma per il weekend.
4. Benché ______________________ (piovere), siamo usciti.
5. È indispensabile che gli studenti ______________________ (capire) il congiuntivo.
6. Mi sembra che voi ______________________ (fare) già molto e non dovete fare di più.
7. Era incredibile che i miei genitori ______________________ (incontrarsi) al liceo.

Copyright © Houghton Mifflin Company. All rights reserved.

Nome ______________________________ Corso __________ Data __________

8. Io pensavo che lui non ________________________ (dire) la verità.
9. Temo che Gianfranco e Lidia ________________________ (bere) troppo alla festa ieri!
10. Non sapevo che Caterina e Paolo ________________________ (stare) male.
11. Ti aiuto di modo che tu ________________________ (sapere) le risposte per l'esame.
12. Dubito che Roberta ________________________ (svegliarsi) presto stamattina; è arrivata in ritardo.
13. Noi usciamo sebbene ________________________ (nevicare).
14. Credevo che gli studenti ________________________ (andare) in Sardegna la settimana prima.
15. Spero che mia madre mi ________________________ (dare) un regalo per il mio compleanno.

F. Complete the following sentences using the imperative form of the verb in parentheses. Use pronouns as indicated. (10 points)

1. Signora Alberti, buongiorno. ________________________! (dire a me)
2. Berto, ________________________ la giacca prima di uscire. (mettersi)
3. ________________________, Angela, devo rispondere al telefono! (scusare)
4. Mamma, non ________________________. (preoccuparsi)
5. ________________________ (andare al ristorante, noi)

G. Write in words the ordinal numbers that correspond to the following cardinal numbers. (5 points)

1. 19 ____
2. 23 ____
3. 8 ____

Copyright © Houghton Mifflin Company. All rights reserved.

Nome ______________________________ Corso __________ Data __________

4. 6 ____

5. 10 ____

H. Compose sentences using the following elements and expressing the comparative relationship specified in parentheses. (5 points)

1. Danny De Vito / alto / Arnold Schwarzenegger (–)

____

2. La Ferrari / veloce / la Fiat (+)

____

3. Ci sono / macchine / biciclette (+)

____

4. Mel Gibson / bravo / Kevin Costner (=)

____

5. Mi diverto / a scuola / a casa (–)

____

I. Complete the following sentences using the appropriate superlative form of the adjective or adverb in parentheses. (5 points)

1. Quel film è _________________________. (bello)

2. Io canto bene ma Pavarotti canta _________________________. (bene)

3. Le pesche sono _________________________ frutta. (buono)

4. Marcella è _________________________ ragazza della classe. (intelligente)

5. Gli Stati Uniti sono _________________________. (grande)

Copyright © Houghton Mifflin Company. All rights reserved.

Nome ______________________________ Corso ___________ Data ___________

J. Complete the following hypothetical sentences using the appropriate tense of the verb in parentheses. (20 points)

1. Se noi ________________________ (avere) sete, ________________________ (bere) una Cocacola.
2. Mi ________________________ (piacere) se tu ________________________ (potere) andare in Italia quest'anno.
3. I miei genitori ________________________ (fare) qualsiasi (*any*) cosa per me, se io ________________________ (chiedere) loro.
4. Se tu mi ________________________ (dire) che avevi un appuntamento alle quattro, io ________________________ (arrivare) puntuale!
5. Maria e Anna ________________________ (venire) alla nostra festa sabato scorso se loro ________________________ (ricordarsi) la data!

K. Rewrite the following sentences using the passive voice. (10 points)

1. Il professore ha criticato quella studentessa.

    ____

2. Il giornalista scriveva un articolo sull'elezione.

    ____

3. La Costituzione garantisce i diritti dei cittadini.

    ____

4. Presenterò i risultati del sondaggio domani.

    ____

5. Il regista ha portato la sceneggiatura alla prova.

    ____

Copyright © Houghton Mifflin Company. All rights reserved.

Nome ______________________________ Corso __________ Data __________

L. Complete the following sentences using the ***si* passivante** (impersonal passive) form of the verb in parentheses. (10 points)

1. A Bologna, ________________________ (mangiare) degli ottimi tortellini.
2. A Perugia, ________________________ (vedere) tante studentesse.
3. L'anno scorso ________________________ (vendere) molti abiti firmati dopo la sfilata a Milano.
4. Non ________________________ (capire) bene la poesia che la classe ha letto ieri.
5. ________________________ (accettare) le carte di credito.

M. Complete the sentences in the following paragraph using the appropriate tense of the verb in parentheses. (20 points)

Molti anni fa c'era una brutta strega (*witch*) che aveva un nasone e che si chiamava Stregona. Io ________________________ (pensare) sempre che lei ________________________ (essere) solo un mito. Ma un giorno mentre io________________________ (studiare), Stregona ________________________ (arrivare) alla porta di casa mia e ________________________ (dire), "Tre desideri per questa bella ragazza!" Anche se io ________________________ (temere) che la Stregona mi ________________________ (fare) il malocchio, io ________________________ (chiedere) tre rane (*frogs*). E subito c'erano le tre rane. Dopo che io ________________________ (baciare) tutte e tre, uno ________________________ (diventare) un bel principe (*prince*).

Copyright © Houghton Mifflin Company. All rights reserved.

Nome ______________________________ Corso __________ Data __________

N. Answer the following questions using indirect discourse. (10 points)

1. "Mi sono stupito dei risultati dell'elezione." Che cosa ha detto il professore?

____

____

2. "Carlo andrà al teatro domani sera." Che cosa dice Roberta?

____

____

3. "Devo tenermi aggiornata sulla politica." Che cosa direbbe la giornalista?

____

____

4. "A Marianna e Luca piaceva lo spettacolo." Che cosa diceva Marco?

____

____

5. "Perché non vieni qui?" Che cosa domanderà tua mamma?

____

____

O. Complete the following sentences using expressions from Unità 7–Unità 12. (20 points)

1. Per vedere se si ha la febbre, è necessario ________________________.

2. Per sentire la musica, si usa (una parte del corpo) ________________________.

3. D'inverno quando fa freddo, mi metto ________________________.

4. Quando una persona si comporta male, si dice ________________________.

5. Un tessuto leggero che si usa d'estate si chiama ________________________.

 Copyright © Houghton Mifflin Company. All rights reserved.

6. Le modelle sono tipicamente ______________________ e ______________________.

7. L'operaio lavora in ______________________; ______________________ lavora alla fattoria; la donna d'affari lavora in ______________________.

8. Quando cerchi un lavoro, leggi ______________________ sul giornale.

9. Quando prendi la patente, tu puoi ______________________.

10. In Italia, sull'autobus bisogna ______________________ il biglietto.

11. Per girare a Venezia, il mezzo di trasporto che si usa è ______________________.

12. L'autista di un taxi si chiama ______________________.

13. Quando l'aereo si ferma in una città prima della destinazione, si chiama ______________________.

14. Un sinonimo (*synonym*) per *l'azienda* è ______________________.

15. Una persona che lavora per se stessa è ______________________.

16. Per comprare un biglietto di treno, vai ______________________.

17. Per programmare un viaggio, vai ______________________.

P. Answer the following questions based on information presented in Unità 7–Unità 12. Write complete sentences. (15 points)

1. Cosa fa un cantautore?

____

2. Per che tipo di scrittura sono famosi Petrarca e Dante?

____

3. Come si chiamano due giornali italiani?

____

Copyright © Houghton Mifflin Company. All rights reserved.

Nome ______________________________ Corso __________ Data __________

4. Quali sono i tre poteri del governo italiano?

____

5. Qual è uno stereotipo degli italo-americani?

____

____

Q. You go to a travel agency to plan a trip to Italy. Imagine your conversation with the travel agent. Write a dialogue of at least five sentences. (25 points)

____

____

____

____

____

____

____

R. Write a paragraph of at least five sentences on one of the following topics: (1) una recensione di un concerto, (2) una recensione di un libro o (3) un parere su un problema attuale di politica. (25 points)

____

____

____

____

____

____

____

____

____

Copyright © Houghton Mifflin Company. All rights reserved.

Answer Key for the Testing Program

Unità Preliminare

A. *Answers will vary. Questions:* 1. Come ti chiami? 2. Di dov'è Lei? 3. Ciao, come va? 4. Qual è il tuo numero di telefono? 5. Sto bene, grazie, e tu?

B. 1. dieci 2. cinque 3. diciassette 4. quarantuno 5. ventitré 6. sessantotto 7. novantadue

C. 1. signora 2. dottor 3. signor 4. avvocato 5. signorina 6. ingegnere

D. 1. chiama, Ci-e-ci-i-elle-i-a 2. sei, dov'è 3. stai 4. Ci, presto

E. *Answers will vary but should include one of the following expressions:* 1. Tanto piacere. 2. Ciao. Buongiorno. 3. Molto bene. Benone. 4. A presto. Ci vediamo.

F. 1. Buongiorno, Lidia, come stai? 2. Sto così così, grazie. 3. Scusi, professor Levi, di dov'è? 4. Mi chiamo [*student's name*]. Come ti chiami tu? 5. ArrivederLa, dottoressa Ferri.

Extra Credit

Answers will vary.

Unità 1

Quiz: A e B

A. *Answers will vary. Questions:* 1. Di dove sei tu? 2. Venezia è al sud dell'Italia, non è vero? 3. È vero che ci sono tanti monumenti a Roma? 4. C'è un lago vicino all'università? 5. Dove andiamo oggi?

B. 1. è 2. siamo 3. sono 4. siete 5. sono

C. 1. un' 2. un 3. una 4. un 5. uno 6. una 7. un 8. uno 9. una 10. un'

D. *Answers will vary but should include these elements:* 1. È un fiume. 2. Un monumento a Roma si chiama [*name of a monument*]. 3. Sì, a Roma ci sono sette colli. 4. Non è vero. Napoli è al sud di Roma. 5. No. Non è una regione in Italia; è uno stato indipendente. 6. È un'isola e una regione. 7. Una piazza a Roma si chiama [*name of a piazza*]. 8. È un mare. 9. Una regione in Italia si chiama [*name of a region*]. 10. È una montagna.

E. 1. il 2. la 3. l' 4. lo 5. la

F. 1. Non vedo l'ora di visitare il Pantheon. 2. Ecco la Fontana di Trevi!

Extra Credit

1. Figurati! 2. ti presento

Copyright © Houghton Mifflin Company. All rights reserved.

Quiz: C e D

A. *Answers will vary. Questions:* 1. Dove abiti tu? 2. Quanti anni hai? 3. Parli bene l'italiano? 4. Te la cavi bene? 5. Hai voglia di mangiare una pizza?

B. 1. abbiamo 2. ha 3. hai 4. avete 5. hanno

C. 1. hai sete 2. abbiamo fame 3. hanno caldo 4. ha freddo 5. hai torto

D. 1. sabato, domenica 2. l'inverno, la primavera, l'estate, l'autunno 3. aprile, giugno, settembre, novembre

E. 1. a 2. in 3. a 4. Di 5. in 6. in 7. con 8. in 9. a 10. per

F. 1. parlate 2. paghiamo 3. canta 4. giocano 5. studi 6. mangio 7. aspettano 8. scii 9. cerchiamo 10. guardate

G. 1. Lei è una guida? 2. Qual è la data di oggi? 3. Il museo è aperto di lunedì?

Extra Credit

gli Appennini, le Alpi

Unità 2

Quiz: A e B

A. *Answers will vary. Questions:* 1. Vivi in una casa dello studente? 2. A che ora arrivi all'università? 3. Quante lezioni frequenti alla settimana? 4. Hai un computer a casa? 5. Ricevi la posta elettronica?

B. 1. dorme 2. chiedo 3. finisci 4. conosciamo 5. vedete 6. leggono 7. apre 8. scrive 9. preferite 10. vivono 11. parti 12. discute 13. rimango 14. seguono 15. pulisce

C. 1. problemi 2. sport 3. spiagge 4. città 5. laghi 6. aule 7. orologi 8. quaderni 9. medici 10. lezioni

D. *Answers will vary.*

E. 1. Sono le otto 2. È mezzogiorno 3. Sono le quattro e un quarto *or* le quattro e quindici 4. Sono le dieci e mezzo *or* le dieci e trenta 5. Sono le otto meno un quarto *or* le sette e quarantacinque

Extra Credit

Answers will vary but should include two of the following: liceo classico, liceo scientifico, liceo linguistico, liceo artistico

 Copyright © Houghton Mifflin Company. All rights reserved.

Quiz: C e D

A. *Answers will vary. Questions:* 1. Il corso d'italiano è facile o difficile? 2. Ti piacciono i tuoi corsi? 3. Preferisci il sistema scolastico americano o il sistema italiano? 4. Che tipo è il tuo migliore amico o la tua migliore amica? 5. Qual è il tuo indirizzo di studio?

B. 1. le 2. gli 3. gli 4. le 5. i 6. i 7. gli 8. le 9. le 10. i

C. *Answers will vary.*

D. 1. I suoi 2. La tua 3. I vostri 4. I nostri 5. Le loro 6. Il mio

E. 1. vado 2. vieni 3. usciamo 4. dà 5. state 6. vanno 7. vengo 8. esce 9. do

F. *Answers will vary.*

Extra Credit

1. Mi dispiace! 2. Che giornata!

Unità 3

Quiz: A e B

A. *Answers will vary. Questions:* 1. Quanti fratelli hai? 2. Hai una cognata? 3. In quale zona abiti? 4. Preferisci una casa in città o in periferia? 5. C'è un orto dove abita la tua famiglia?

B. 1. Che cosa mangiate? [*or* Che mangiate? *or* Cosa mangiate?] 2. Chi viene domani? 3. Qual è la tua camera? 4. Quante persone invitano? 5. Perché non studia Elena stasera? 6. Quando hai lezione? [*or* A che ora hai lezione?] 7. Di chi è il libro? 8. Dov'è la cerimonia? 9. Per quanto tempo rimangono in Italia? 10. Con chi esci?

C. 1. sua suocera 2. i miei nonni 3. tuo nipote 4. i tuoi zii 5. il mio babbo, mio padre

D. 1. Si chiama un palazzo. *Other answers will vary.*

E. 1. Questi [*or* quelli], belli 2. quest', quell' 3. buon', buona 4. Queste [*or* Quelle], bei 5. bella, quella

F. 1. Avanti, Signora Jones! 2. È bella. Non è per niente piccola.

Extra Credit

1. il matrimonio 2. il soggiorno

Copyright © Houghton Mifflin Company. All rights reserved.

Quiz: C e D

A. *Answers will vary. Questions:* 1. Sei in ritardo stamattina? 2. Che cosa fai il fine settimana? 3. Hai da fare in centro? 4. Mi puoi dire dove posso comprare i francobolli? 5. Vuoi andare al mare quest'estate?

B. *Answers will vary. Possible answers:* 1. possono 2. posso, devo 3. Vuoi 4. dobbiamo 5. voglio 6. può 7. potete 8. possono, devono

C. 1. beve 2. facciamo 3. dici 4. bevete 5. fai 6. dicono 7. Faccio 8. dite 9. bevono 10. fanno

D. *Answers will vary.*

E. *Answers will vary.*

F. 1. del 2. agli 3. sulla 4. dei 5. nello

Extra Credit

1. Devo fare delle commissioni. 2. Che cosa fai per il ponte?

Midterm Exam

Unità Preliminare–Unità 3

A. *Answers will vary. Questions:* 1. Buongiorno. Come stai? 2. Tua madre è di Milano, non è vero? 3. Quale città vuoi visitare in Italia? 4. Hai voglia di andare in montagna? 5. Quali corsi preferisci? 6. Vuoi cambiare facoltà? 7. Abiti nel dormitorio? 8. C'è uno scaffale nella tua camera? 9. Ti piace vivere in centro o in periferia? 10. Che cosa fai quando fa un caldo bestiale?

B. 1. siete 2. vado 3. finite 4. deve 5. è 6. risponde 7. cerchiamo 8. possono 9. vuoi 10. Vengo 11. sono 12. studi 13. prendete 14. Esci 15. conoscono 16. stiamo 17. apro 18. vanno 19. dai 20. preferisce 21. dà 22. viene 23. capisco 24. leggiamo 25. parte

C. 1. uno 2. un' 3. un 4. uno 5. una

D. 1. le 2. la 3. gli 4. i 5. il

E. 1. La biologia è un corso difficile. 2. Sono begli orologi. 3. Il dott. Ricci e il dott. Denio sono avvocati famosi. 4. La famiglia ha una grande casa a Milano. 5. Giorgio è un buon amico.

F. *Answers will vary. Possible answers:* 1. questi, quelli 2. Quegli, questi 3. Quest', quello 4. quella, questa

G. 1. Mia 2. La vostra 3. Suo 4. I loro 5. I nostri 6. La tua

H. 1. È l'una e venticinque 2. Sono le nove e un quarto *or* le nove e quindici 3. Sono le sette meno un quarto *or* le sei e quarantacinque 4. È mezzanotte 5. Sono le otto e mezzo *or* le otto e trenta

 Copyright © Houghton Mifflin Company. All rights reserved.

I. 1. all' 2. in 3. sul 4. nell' 5. sullo

J. *Answers will vary.*

K. *Answers will vary.*

Unità 4

Quiz: A e B

A. *Answers will vary. Questions:* 1. Quanti ne abbiamo oggi? 2. C'è un mercato all'aperto qui vicino? 3. Vuoi assaggiare le ciliegie? 4. Dove vai per cambiare banconote? 5. A che ora chiudono i negozi?

B. 1. hai studiato 2. ho scritto 3. siamo andati 4. ha visto 5. è tornato 6. sono partiti 7. avete ricevuto 8. sono entrati 9. ho aperto 10. è stata 11. sono venute 12. hai comprato 13. ho preso 14. abbiamo risposto 15. siete usciti

C. 1. Ho bevuto del caffè stamattina. 2. Prendi dello zucchero? 3. Abbiamo letto qualche poesia di Montale il semestre scorso. 4. Piero e Elisabetta mangiano degli spaghetti ogni settimana. 5. Qualche studente ha finito i compiti.

D. *Answers will vary.*

E. *Answers will vary.*

F. *Answers will vary. Possible answers include:* 1. Voglio un melone fresco fresco e una mela matura. 2. Il portafoglio è conveniente ma non posso pagare in contanti.

Extra Credit

1. un miliardo 2. millenovecentonovantotto

Quiz: C e D

A. *Answers will vary. Questions:* 1. Preferisci fare la spesa al supermercato o nei piccoli negozi? 2. Che cosa compri alla cartoleria? 3. Quanto viene un biglietto di auguri? 4. Vai spesso in farmacia? 5. Quale marca di dentifricio usi?

B. 1. Le adoro. 2. La compri. 3. I bambini lo mangiano. 4. La voglio guardare *or* Voglio guardarla stasera. 5. Li saluto. 6. La invitiamo *or* L'invitiamo alla festa degli studenti. 7. Giovanna le aspetta. 8. Li dovete scrivere *or* Dovete scriverli. 9. Matteo e Elena li prendono. 10. È difficile capirlo.

C. *Answers may be affirmative (as in the following) or negative.* 1. Sì. Li ho comprati. 2. Sì. L'ho ordinata due settimane fa. 3. Sì. Mio fratello le ha viste nella profumeria ieri. 4. Sì. Possiamo seguirLa. *or* La possiamo seguire. 5. Sì. Le abbiamo spedite. 6. Sì. Vi invitiamo al ricevimento. 7. Sì. Ti aspetto *or* T'aspetto davanti al cinema. 8. Sì. Le ho prese. 9. Sì. Li abbiamo scritti. 10. Sì. Lo voglio.

Copyright © Houghton Mifflin Company. All rights reserved.

D. *Answers may be affirmative (as in the following) or negative.* 1. Sì. Ci ho lavorato. 2. Sì. I miei genitori ci vivono. 3. Sì. Ci andiamo stasera. 4. Sì. Ci abbiamo mangiato. 5. Sì. Voglio andarci. *or* Ci voglio andare.

E. *Answers may be affirmative (as in the following) or negative.* 1. Sì. Ne ho bevuta. 2. Sì. Ci sono andata l'altro ieri. 3. Sì. Ci credo. 4. Sì. Ne parlo con i miei amici. 5. Sì. Ne ho fatti (molti, alcuni) ieri sera.

F. 1. Compro il caffè alla torrefazione. 2. Compro la carne alla macelleria. 3. Il negozio dove compro i biscotti si chiama la pasticceria.

Extra Credit

1. Faccio due passi. 2. Il prosciutto è in offerta alla salumeria.

Unità 5

Quiz: A e B

A. *Answers will vary. Questions:* 1. Di solito, che cosa prendi per il pranzo? 2. Ti piace il caffè ristretto? 3. Quando hai caldo, che cosa bevi? 4. Mangi un dolce sempre con la cena? 5. Lasci sempre una mancia al cameriere?

B. 1. Michele ci ha offerto il caffè. 2. Il professore vi ha dato il compito. 3. Il padre le ha prestato la macchina. 4. Gli abbiamo telefonato stasera. 5. Hai detto loro che devono studiare per l'esame? *Or* Gli hai detto che devono studiare per l'esame? 6. Vogliamo regalare loro una bella cena. *Or* Vogliamo regalargli una bella cena. *Or* Gli vogliamo regalare una bella cena. 7. Giovanna deve parlargli. *Or* Giovanna gli deve parlare. 8. Non le piacciono i pasticcini a quel bar. 9. Puoi scrivergli una lettera questa settimana? *Or* Gli puoi scrivere una lettera questa settimana? 10. Vi porto il menù.

C. 1. La cameriera l'ha portato loro. *Or* La cameriera gliel'ha portato. 2. Non gli piace la birra. 3. Ve lo offro. 4. Il padre li ha passati loro. *Or* Il padre glieli ha passati. 5. Sandra gliel'ha comprato. 6. Dobbiamo restituirglieli. *Or* Glieli dobbiamo restituire. 7. Mia madre ce le ha fatte. 8. Gliele avete mandate? 9. Devi pagarglielo. *Or* Glielo devi pagare. 10. Posso mostrartelo. *Or* Te lo posso mostrare.

D. *Answers will vary.*

E. 1. Non ho fatto la prima colazione e ho una fame da lupi. 2. Scusa il ritardo. Ti va di prendere un aperitivo? 3. Ti consiglio un panino al prosciutto.

Extra Credit

1. un amaro, un digestivo

 Copyright © Houghton Mifflin Company. All rights reserved.

Quiz: C e D

A. *Answers will vary. Questions:* 1. Come hai festeggiato il tuo compleanno? 2. Preferisci andare in ristorante or mangiare a casa? 3. Sei goloso? 4. È facile preparare gli spaghetti? 5. A casa tua, chi sparecchia la tavola?

B. 1. conosci 2. sa 3. ha conosciuto 4. sapete 5. sappiamo 6. conosco 7. sanno 8. abbiamo saputo 9. conosce 10. sa

C. 1. Si studia in biblioteca stasera. 2. Si scrivono i compiti con la penna blu. 3. Si è tagliata la cipolla. 4. Si è contenti al mare. 5. Si sono usati molti ingredienti per il sugo.

D. *Answers will vary.*

E. *Answers will vary.*

F. *Answers will vary. Possible answers are:* 1. Ci porta la lista dei vini, per favore? 2. Che cosa ci consiglia come primo? 3. È delizioso il risotto ai frutti di mare. 4. Non ce la faccio più.

Extra Credit

1. Cin cin! 2. Alla salute!

Unità 6

Quiz: A e B

A. *Answers will vary. Questions:* 1. Quando hai tempo libero, che cosa fai? 2. Vuoi fare un giro? 3. Ti piace fare fotografie? 4. Sei un tipo artistico o sportivo? 5. Te ne intendi di calcio?

B. 1. eravamo, andavamo 2. facevi 3. pioveva 4. suonava, studiavo 5. erano 6. aveva 7. avevamo, veniva

C. 1. Erano, siamo partiti 2. è piaciuto, sembrava 3. aveva, ha imparato 4. Nevicava, siete rimasti 5. giocavo, sapevi

D. *Answers will vary.*

E. 1. stavo guardando 2. sta lavorando 3. stavano partendo 4. stiamo perdendo 5. stavate correndo

F. 1. Che barba! 2. Dai! 3. Caspita! 4. Che pena! *or* Porca miseria! 5. Chissà?

Extra Credit

1. Gli Azzurri. 2. *La Gazzetta dello Sport.*

Copyright © Houghton Mifflin Company. All rights reserved.

Quiz: C e D

A. *Answers will vary. Questions:* 1. Ti piace vedere le vetrine in centro? 2. Quando si cammina in montagna, cosa si vede? 3. D'estate, fai spesso il bagno? 4. Per nuotare, preferisci il mare calmo o mosso? 5. Al tramonto, dove vai?

B. 1. arriveranno 2. mangeremo 3. partirete 4. prenderà, sarà 5. comincerai 6. verrà 7. faremo 8. pagheranno 9. dovrai 10. andrò 11. dormirete 12. staranno 13. dirai 14. rimarrà

C. 1. A me piace prendere il sole alla spiaggia. 2. Luigi non ha dato il binocolo a noi, l'ha dato a te. 3. Marco ha ballato con lei tutta la notte. 4. Michele pensa solo a sé. 5. Secondo lui, devi prendere la medicina per due settimane. 6. Non ho visto loro in Piazza San Marco. 7. Andiamo da lui stasera. 8. Ho scritto due lettere a lei, ma Elisabetta non mi ha risposto. 9. Non ci interessa dove andiamo, vogliamo vedere voi. 10. Hanno chiamato me, non hanno chiamato lui.

D. *Answers will vary.*

E. 1. Conosco Gianni da anni. 2. Voglio prendere il sole alla spiaggia e avrò bisogno di una sedia a sdraio e un ombrellone.

Extra Credit

1. Tipicamente la domenica dopo pranzo gli italiani fanno una passeggiata. 2. A Venezia, le strette vie si chiamano *calli* e le piccole piazze si chiamano *campi* o *campielli.*

Final Exam (Unità Preliminare–Unità 6)

A. *Answers will vary. Questions:* 1. Di dove sei? 2. Cosa vuoi vedere a Roma? 3. Abiti nella casa dello studente? 4. Cosa c'è nella tua camera? 5. Quali corsi seguirai il semestre prossimo? 6. Si mangia bene alla mensa? 7. Di che cosa hai bisogno per cucinare al forno? 6. Preferisci vivere in centro o in periferia? 7. Dove sei andato l'anno scorso per vacanza? 8. Che cosa fai allo stadio? 9. Qual è il tuo sport preferito? 10. Giochi a scacchi spesso?

B. 1. siete 2. giochi 3. esco 4. finisce 5. dà 6. vieni 7. possono 8. dobbiamo 9. vanno 10. piacciono

C. 1. farà 2. puliranno 3. berrete 4. vorrò 5. Andrai

D. 1. Erano, abbiamo deciso 2. spedivate, faceva 3. avevo, è andata 4. sono tornate, nevicava 5. ha vinto 6. dormivi 7. sono venuti 8. è scesa 9. sono nati 10. è arrivata

E. 1. stavi leggendo 2. sta scrivendo 3. sto mangiando 4. stavano partendo 5. stavate bevendo

F. 1. Si va in ristorante stasera. 2. Si studia sempre in biblioteca. 3. Si mangiano i tortellini la domenica? 4. Si sono imparate molte cose questo semestre. 5. Si sono conosciute molte persone simpatiche.

 Copyright © Houghton Mifflin Company. All rights reserved.

G. 1. Sì, ve lo offro. 2. Sì, glieli portano. *Or* Sì, li portano loro. 3. Sì, glieli abbiamo dati. 4. Sì, gliela ho regalata. 5. Sì, gliele ha date. 6. Sì, vi telefono. 7. Sì, glielo prende. *Or* Sì, lo prende loro. 8. Sì, te la presto. 9. Sì, voglio scrivergliela. *Or* Sì, gliela voglio scrivere. 10. Sì, posso rispondergli.

H. *Answers will be in the affirmative or negative. Possible responses include:* 1. Sì, voglio andarci. *Or* Sì, ci voglio andare. 2. Ne ho [number of siblings]. 3. Sì, ci abito. 4. Sì, ne parlo con i miei amici. 5. Sì, ci vado per la vacanza. 6. Ne ho bevuta tanto. 7. Sì, ne ho scritti tanti questo semestre. 8. Ne devo prendere [amount]. *Or* Devo prenderne [amount]. 9. Sì, ne ho bisogno. 10. No, non ci credo.

I. *Answers will vary.*

J. 1. Abbiamo studiato le lezioni. 2. Questi sono gli zaini degli studenti inglesi. 3. Abbiamo dei vecchi amici che capiscono l'italiano. 4. Le città sono comode perché ci sono degli autobus. 5. Quando voi finite gli esami, potete andare a casa.

K. 1. al 2. a 3. da 4. negli 5. dalla 6. Nello 7. in 8. In 9. alla 10. da

L. 1. Sua 2. vostro 3. La loro 4. Le sue 5. I nostri

M. *Answers will vary.*

N. 1. d 2. f 3. h 4. g 5. c 6. b 7. e 8. a 9. j 10. i

O. *Answers will vary.*

P. *Answers will vary.*

Unità 7

Quiz: A e B

A. *Answers will vary. Questions:* 1. Che cosa hai? 2. Non avrai mica una febbre? 3. Ti sei misurato la temperatura? 4. Ti fa male la gola? 5. Ti ammali spesso?

B. 1. si pettina 2. ci ammaliamo 3. si sono fatti 4. svegliarvi 5. ci si diverte

C. *Answers may be affirmative (as follows) or negative.* 1. Sì, si amano. 2. Sì, ci siamo visti. 3. Sì, si sono innamorati. 4. Sì, ci incontriamo spesso. 5. Sì, si sono sposati recentemente.

D. 1. Fa più caldo in Italia che in Svizzera. 2. Milano è meno grande di Roma. 3. Alicia Silverstone è più bella che brava. 4. Roma è antica tanto quanto Napoli. 5. Noi preferiamo più viaggiare che stare a casa.

E. 1. peggiori, la peggiore 2. meglio, meglio di tutti 3. il più famoso 4. buonissimi 5. maggiore 6. minore 7. la più bella 8. ricchissimo

F. 1. gli occhi 2. le gambe 3. la bocca 4. il naso 5. gli orecchi

G. *Answers will vary.*

H. 1. Ti vedo proprio bene! 2. Devo lavarmi le mani prima di mangiare. *Or* Mi devo lavare le mani prima di mangiare. 3. Non mi importa niente di vestiti firmati.

Copyright © Houghton Mifflin Company. All rights reserved.

Extra Credit

1. non ha peli sulla lingua 2. un giallo

Quiz: C e D

A. *Answers will vary. Questions:* 1. Segui la moda? 2. Quale stoffa preferisci? 3. Ti piacciono i vestiti in tinta unita? 4. Sei mai stato a una sfilata? 5. Secondo te, devono essere slanciate le modelle?

B. 1. andremmo 2. Pagheresti 3. dormirei 4. vorrebbe 5. sarebbero 6. faresti 7. dovreste 8. piacerebbe 9. potrebbe 10. desidererebbero

C. 1. Scusi 2. abbia 3. senta 4. Guarda 5. fate 6. parlare 7. si preoccupi 8. Andiamo 9. State 10. toccate

D. 1. Non dimentichiamole! 2. Provateveli! 3. Dimmi, Guido! 4. Si figuri, signor Monti! 5. Vattene, Luigi!

E. 1. La parte di un negozio dove si possono provare i vestiti si chiama il camerino. 2. Le riduzioni sul prezzo di un articolo in un negozio si chiamano i saldi. 3. Una sarta cuce i vestiti.

F. 1. Non me lo perderei per nulla al mondo. 2. Al limite, vorrei comprare dei bijoux.

Extra Credit

Answers will vary.

Unità 8

Quiz: A e B

A. *Answers will vary. Questions:* 1. Quale professione eserciterai tu? 2. Perché vorresti praticare questo mestiere? 3. Per te, è importante fare un'attività creativa? 4. Qual è il tuo mezzo di trasporto all'università? 5. È difficile parcheggiare all'università?

B. 1. segua 2. escano 3. impariate 4. dimentichi 5. dormano 6. rispondiamo 7. capisca 8. faccia 9. vadano 10. venga 11. abbia 12. rimanga 13. diventi 14. si realizzi 15. possiate

C. *Answers will vary. Possible answers include:* 1. È facile trovare la strada. 2. Bisogna lavorare sodo per diventare medico. 3. È necessario fare il pendolare quando abiti in periferia. 4. È impossibile studiare a casa. 5. È meglio prendere un taxi perché è più veloce.

D. 1. l'artigiano 2. il contadino 3. l'operaio 4. il ragioniere 5. il falegname

 Copyright © Houghton Mifflin Company. All rights reserved.

E. *Answers will vary. Possible answers include:* 1. Vado dal dentista quando mi fa male un dente. 2. Quando non funziona il bagno, chiamo l'idraulico. 3. Per andare su un'isola, prenderei un vaporetto, un traghetto o una nave. 4. Una persona che mi porta nella sua macchina si chiama un autista. 5. Per avere il permesso di guidare, bisogna prendere la patente.

F. 1. Non sono arrabbiato; ti prendo in giro. 2. Ho preso una multa stamattina e devo pagare 25 dollari. 3. Hai una cotta per Gianluca o non lo sopporti proprio?

Extra Credit

La Fiat (Fabbrica Italiana Automobili Torino) e l'Alfa (Associazione Lombarda di Fabbricazione di Automobili) Romeo

Quiz: C e D

A. *Answers will vary. Questions:* 1. Che fai di bello? 2. Stai cercando un lavoro? 3. Quale tipo di lavoro preferisci? 4. Voresti essere un libero professionista? 5. Ti piacerebbe lavorare per una grande ditta?

B. 1. piaccia 2. paghino 3. dia 4. vogliano 5. sappiate 6. sia 7. facciano 8. cominci 9. conosca 10. lavori

C. 1. Benché *or* Sebbene *or* Nonostante che 2. affinché *or* perché *or* di modo che 3. a condizione che *or* purché *or* a patto che 4. a condizione che *or* purché *or* a patto che 5. a meno che non

D. *Answers will vary. Possible answers include:* 1. L'uomo con cui parlo è mio padre. 2. L'università dove studiamo è su una collina. 3. La donna, il cui marito è un architetto, è una professoressa. 4. L'autore, i cui libri sono molto interessanti, parla con il pubblico. 5. Il film che ho visto ieri che era una storia di due donne disoccupate. 6. La macchina che hanno comprato è giapponese. 7. Il prodotto elettronico del quale/di cui l'ingegnere parla è nuovo. 8. Il cappotto che hai comprato è di Fendi? 9. Il paese dove/in cui è nata la dirigente è piccolissimo. 10. Il libero professionista non ha capito ciò che il capo diceva.

E. 1. le inserzioni di lavoro 2. il curriculum 3. licenzia 4. uno stage 5. uno stipendio 6. i colleghi 7. migliorare 8. un colloquio di lavoro 9. assume 10. riuscire a

F. 1. Secondo me, hai troppa carne sul fuoco. 2. È importante mantenere buoni rapporti con i colleghi. 3. A proposito, devo scappare perché ho un appuntamento all'impianto industriale.

Extra Credit

Answers will vary.

Copyright © Houghton Mifflin Company. All rights reserved.

Unità 9

Quiz: A e B

A. *Answers will vary. Questions:* 1. Che cosa fai durante le ferie d'estate? 2. Ti piace fare camping? 3. Si usano i fuochi d'artificio negli Stati Uniti? 4. Hai mai fatto un viaggio in traghetto? 5. Preferisci viaggiare in aereo o in treno?

B. 1. avevamo fatto, siamo usciti 2. mi sono svegliato, era partita 3. avevi trascorso, sono stato 4. aveva comprato, è salita 5. si erano fatti, hanno bevuto

C. 1. venisse 2. andaste 3. fossero 4. capissi 5. parlassimo 6. avesse 7. facessi 8. steste 9. dicesse 10. leggessimo

D. 1. un facchino 2. alla biglietteria 3. prima classe, seconda classe 4. sala d'attesa 5. diretto, locale 6. un supplemento rapido 7. la settimana bianca 8. festeggiare

E. *Answers will vary. Possible answers include:* 1. È pazzesco! C'è un sacco di gente alla stazione ferroviaria. 2. Mi dia un biglietto di andata e ritorno a Cagliari, per piacere? 3. Santo cielo! Sei bagnata fradicia!

Extra Credit

Il treno espresso *or* il treno rapido *or* il treno Inter-City (IC) *or* il Pendolino

Quiz: C e D

A. *Answers will vary. Questions:* 1. Dove sei andato per informarti per la vacanza? 2. Hai preso qualche dépliant sulla destinazione? 3. Hai prenotato i biglietti aerei? 4. Il volo fa uno scalo prima di arrivare a Pisa? 5. Preferisci il decollo o l'atterraggio dell'aereo?

B. 1. abbia fatto 2. siano partiti 3. sia andata 4. abbiamo pernottato 5. abbiate ricevuto 6. abbia visto 7. sia arrivato/a 8. abbia perso 9. abbiano conosciuto 10. vi siate divertiti

C. 1. avesse fatto 2. aveste deciso 3. fossero partiti 4. avessero dato 5. avessi sentito

D. *Answers will vary.*

E. 1. le tariffe 2. la bassa stagione 3. l'ospite 4. economizzare 5. noleggiare

F. 1. Devi passare la dogana. 2. Bisogna avere una carta d'imbarco. 3. Un volo che non fa scalo in nessun posto si chiama un volo diretto. 4. L'assistente di volo può aiutarti durante un volo. 5. Consegni i bagagli al controllo del bagaglio.

G. 1. Entro una settimana le lezioni finiranno e partirò per la Sardegna. 2. Prendi pure, tesoro! 3. Ho l'acqua alla gola e non riesco a lasciare perdere.

Extra Credit

1. Le persone che sono di Sardegna si chiamano i sardi. 2. Un prodotto molto tipico della Sardegna è il pecorino sardo.

 Copyright © Houghton Mifflin Company. All rights reserved.

Midterm Exam (Unità 7–9)

A. *Answers will vary. Questions:* 1. Dove andrai in vacanza quest'anno? 2. Giocavi a pallacanestro al liceo? 3. Ti alzi presto il sabato mattina? 4. Chi è il più intelligente della tua famiglia? 5. È meglio prendere la metropolitana o l'autobus in città? 6. Vorresti lavorare in un ufficio in futuro? 7. Per te, è importante guadagnare bene nel lavoro? 8. Hai mai fatto un viaggio in treno? 9. Quante valige porti quando fai un viaggio? 10. È necessario prenotare i biglietti aerei?

B. *Answers will vary.*

C. 1. vorremmo 2. piacerebbe 3. pagherei 4. verrebbero 5. potreste

D. 1. si siano svegliati 2. studino 3. faccia 4. sia piaciuto 5. abbiate letto 6. prenda 7. spedisca 8. abbia chiuso 9. si ricordi *or* si sia ricordata 10. abbiate potuto

E. *Answers will vary. Possible answers include:* 1. Il professore, i cui corsi sono interessanti, parla con gli studenti. 2. Scrivo alla mia amica che vive in California. 3. La modella, la cui borsa è di Gucci, fa la sfilata. 4. L'uomo per cui lavoro è un imprenditore famoso. 5. L'aula dove/in cui abbiamo lezione è grande.

F. 1. Benché *or* Sebbene 2. di modo che *or* affinché *or* perché 3. prima che 4. a meno che non 5. a condizione che *or* purché *or* a patto che

G. 1. avevamo fatto, siamo usciti 2. mi sono svegliato/a, era andata 3. hai incontrato, aveva finito 4. aveva comprato, è salita 5. ti eri fatto, abbiamo bevuto

H. 1. fosse 2. preparassero 3. avessimo 4. chiedeste 5. capissi

I. 1. avesse fatto 2. avessi perso 3. fossero scesi 4. aveste preparato 5. fosse arrivata

J. *Answers will vary. Possible answers include:* 1. Non capisco né il russo né il cinese. 2. Non faccio niente stasera. 3. Non c'è nessuno al telefono. 4. Non mi piace affatto quel libro. 5. Non sono ancora laureato dall'università.

K. 1. il volo, prosegue 2. una carta d'imbarco 3. la cintura di sicurezza 4. è vietato 5. uno scalo 6. noleggiare 7. dépliant 8. di lusso 9. l'alta stagione

L. *Answers will vary.*

Unità 10

Quiz: A e B

A. *Answers will vary. Questions:* 1. Vai spesso al teatro? 2. Preferisci i drammi o le commedie? 3. Suoni uno strumento musicale? 4. Ti piace l'opera lirica? 5. Chi è il tuo cantante preferito?

B. *Answers will vary.*

C. 1. Sarebbe, poteste 2. andaste, vi divertireste 3. sapessi, combineremmo 4. vorrebbero, studiassi 5. scrivessi, avrei

Copyright © Houghton Mifflin Company. All rights reserved.

D. 1. avessimo mangiato, avremmo avuto 2. avrei preferito, avesse visto 3. sarebbe stata, aveste assistito 4. avrebbe intonato, fosse arrivato 5. avrebbero voluto, fossi venuto

E. 1. applaudono, fischiano 2. registi 3. una recensione 4. quinte

F. 1. Non ho la più pallida idea. Vorresti andare a teatro? 2. Sono appassionato/a della musica ma sono stonato/a come una campana.

Extra Credit

Luigi Pirandello, Eduardo De Filippo

Quiz: C e D

A. *Answers will vary. Questions:* 1. Hai un impianto stereofonico? 2. Preferisci sentire i CD o le cassette? 3. Quale complesso è più popolare fra i tuoi amici? 4. Ti piace andare in discoteca? 5. Dove hai imparato a ballare?

B. 1. Giorgio è un amicone. 2. Io non dico mai parolacce. 3. Abbiamo visto un filmaccio. 4. Vivono in una casetta. 5. Compri quel giornalaccio? 6. La Cadillac è una macchinona. 7. Luigi è un ragazzino. 8. Fluff è un gattuccio. 9. Abitano in un viuzza a Sorrento. 10. È un poetastro.

C. 1. da 2. di, da 3. dal 4. da 5. da 6. dalla 7. Da 8. di 9. dallo

D. 1. Un cantautore 2. alzare il volume 3. La batteria 4. leggera 5. canticchiare 6. un punto di ritrovo 7. stazione di servizio 8. la pista da ballo 9. l'autista 10. velocità

E. 1. Che jella! Capitano tutte a te. 2. Sono un ottimo ballerino/un'ottima ballerina e mi piace ballare il ballo lento. 3. Sono stufo di guidare e ho bisogno di fare il pieno prima di andare sull'autostrada.

Extra Credit

Answers will vary but should include the following idea: "La strage del sabato sera" riferisce al sempre maggior numero di incidenti automobilistici causati dai giovani nella notte del sabato sera dopo la chiusura delle discoteche.

Unità 11

Quiz: A e B

A. *Answers will vary. Questions:* 1. Che cosa ti piace leggere? 2. Leggi spesso i libri in traduzione? 3. Come si chiama l'ultimo libro che hai letto? 4. Compri molti libri? 5. Quando devi comprare un libro, cerchi un'edizione tascabile?

 Copyright © Houghton Mifflin Company. All rights reserved.

B. 1. furono 2. scrisse 3. ebbe 4. visse 5. andò 6. vedemmo 7. finì 8. fecero 9. tornarono 10. foste 11. venisti 12. nacque 13. dipinse 14. lessi 15. conobbe

C. 1. quinto 2. ottavo 3. centesimo 4. sessantottesimo 5. ventitreesimo 6. decimo 7. nono

D. 1. il Duecento, il tredicesimo secolo 2. il Cinquecento, il sedicesimo secolo 3. il Novecento, il ventesimo secolo 4. il Duemila, il ventunesimo secolo

E. 1. Che fifa! 2. To'! 3. Questo volume 4. è esaurito 5. smetto/ho smesso di suonare il pianoforte

F. 1. una casa editrice 2. illustrato 3. fornita 4. la prosa, la poesia 5. un capolavoro 6. racconti, una raccolta 7. tratta 8. analizziamo

Extra Credit

la *Divina Commedia,* il *Decamerone*

Quiz: C e D

A. *Answers will vary. Questions:* 1. Quale giornale leggi? 2. C'è un inserto nel giornale di domenica? 3. Hai un abbonamento per una rivista? 4. Ti piacciono i programmi a puntate? 5. Hai un videoregistratore?

B. 1. Quali 2. che 3. Qual 4. Che 5. Quali

C. 1. Roberto dice che è contento di vedere Angela. 2. Luisa sta dicendo che ha studiato molto la sera prima. 3. Gianni ha detto che aveva visto un bel film il giorno prima. 4. Maria ha detto che sarebbe andata in Italia l'anno dopo. 5. Il bambino ha detto che gli piaceva quel libro. 6. Anna ha detto che avrebbe comprato un nuovo vestito il giorno dopo. 7. Giuseppe dirà alla sua ragazza che andrà con lei alla festa. 8. La signora ha detto che voleva stare a casa quella sera. 9. Marianna diceva che leggeva quel giornale ogni giorno. 10. Sig. e Sig.na Amati direbbero che sarebbero contenti.

D. 1. *Two of the following newspapers and places of publication should be mentioned:*

Newspaper	City
La Repubblica, Il Messaggero	Roma
Il Mattino	Napoli
Il Corriere della Sera	Milano
La Stampa	Torino
Il Secolo	Genova
La Nazione	Firenze

2. *Panorama, L'Espresso* 3. all'edicola 4. un quotidiano, un mensile 5. la terza pagina *or* l'elzeviro

Copyright © Houghton Mifflin Company. All rights reserved.

E. 1. Leggo i titoli per sapere velocemente quel che succede nel mondo. 2. La televisione pubblica in Italia si chiama la Rai (Radiotelevisione Italiana). 3. Non è vero. I canali commerciali trasmettono molti spot pubblicitari. 4. Per sapere le notizie del giorno, guardo il telegiornale. 5. Per cambiare i canali della televisione, uso il telecomando.

Extra Credit

Ludovico Ariosto, Torquato Tasso

Unità 12

Quiz: A e B

A. *Answers will vary. Questions:* 1. Discuti di politica con i tuoi amici? 2. Segui la politica internazionale? 3. Che pensi del sistema politico italiano? 4. Voti alle elezioni? 5. Per quanto riguarda la politica, sei idealista o pessimista?

B. 1. finisca 2. avrebbe parlato 3. ha deciso 4. era 5. avreste votato 6. affronti 7. si sarebbe impegnato 8. avessero eletto 9. avesse vinto/vincesse 10. potessero/fossero potuti 11. fosse 12. dicesse 13. fossi arrivato/a 14. cambino 15. andassi

C. 1. Le reti commerciali sono preferite da tante persone. 2. Gli esami sono corretti dai professori. 3. I paragoni fra gli italiani e gli italo-americani sono stati fatti da Giorgio. 4. La cena era preparata da mia madre. 5. I valori veri della vita italiana non sono riflettuti dal programma. 6. Il Presidente del Consiglio è stato nominato dal Presidente della Repubblica. 7. Il Presidente del Consiglio è stato scelto dai ministri. 8. L'articolo sarà scritto dal giornalista stasera. 9. Le leggi sono state scritte dalle due camere legislative. 10. Il regalo sarà dato da me alla mia amica domani.

D. *Answers will vary.*

Extra Credit

Two of the following: La Somalia, la Libia, l'Etiopia

Quiz: C e D

A. *Answers will vary. Questions:* 1. Qual è l'origine della tua famiglia? 2. Sei orgoglioso delle tue radici? 3. Ci sono molti immigrati all'università? 4. È facile integrarsi nella cultura americana, al tuo parere? 5. Che cosa ti mancherebbe degli Stati Uniti se vivessi in un altro paese?

 Copyright © Houghton Mifflin Company. All rights reserved.

B. 1. Si confonde la cultura italiana con quella italo-americana. 2. Si parlava l'italiano in famiglia. 3. Si è studiata la cultura degli immigrati in classe. 4. Si sono visti molti stereotipi degli italo-americani nel film *Il Padrino.* 5. A casa nostra, non si mangiano gli spaghetti ogni giorno. 6. Si è realizzato il sogno. 7. Non si conosce bene l'ambasciatore all'estero. 8. Si raggiungeva la meta. 9. Si discute molto in Italia il problema degli extracomunitari. 10. Si facevano dei brindisi in onore dell'ambasciatore.

C. 1. è, ha raggiunto 2. fossero *or* fossero stati 3. cambi *or* sia cambiata 4. scegliessero 5. abitassi, troverei 6. avrei avuto 7. avevi lavorato 8. avrebbero contribuito

D. *Answers will vary.*

E. 1. Kevin parlava a cuor leggero e non intendeva offenderti. 2. Non vedo Mario da anni. Sai che fine ha fatto?

Extra Credit

Answers will vary.

Final Exam (Unità 7–Unità 12)

A. *Answers will vary. Questions:* 1. Dove compri i tuoi vestiti? 2. Quando vai a teatro, che cosa ti metti? 3. Quale tipo di musica preferisci? 4. Dove vai a comprare giornali e riviste in Italia? 5. Quale parte del giornale contiene informazioni culturali? 6. Per avere le notizie, che cosa guardi alla televisione? 7. Che cos'è uno sciopero? 8. La disoccupazione è un grande problema negli Stati Uniti? 9. Vivi in una società multiculturale? 10. Qual è l'immagine dell'Italia vista da fuori?

B. pensai, vissero, chiesi, stesti, vedesti, disse, restammo, vendé *or* vendette, feci, furono, lessi, andarono, scrisse, morirono, immigrarono

C. *Answers will vary.*

D. *Answers will vary. Possible answers include:* 1. Non frequento più il liceo. 2. Non conosco nessuno in Russia. 3. Non ho mangiato niente oggi. 4. Non bevo né il caffè né il tè. 5. Non sono ancora laureato.

E. 1. faccia 2. abbia dormito 3. sapesse 4. piovesse 5. capiscano 6. abbiate fatto 7. si fossero incontrati 8. dicesse 9. abbiano bevuto 10. stessero 11. sappia 12. si sia svegliata 13. nevichi 14. fossero andati 15. dia

F. 1. Mi dica 2. mettiti 3. Scusa 4. preoccuparti. 5. Andiamoci!

G. 1. diciannovesimo 2. ventitreesimo 3. ottavo 4. sesto 5. decimo

H. 1. Danny De Vito è meno alto di Arnold Schwarzenegger. 2. La Ferrari è più veloce della Fiat. 3. Ci sono più macchine che biciclette. 4. Mel Gibson è tanto bravo quanto Kevin Costner. *Or* Mel Gibson è così bravo come Kevin Costner. 5. Mi diverto meno a scuola che a casa.

Copyright © Houghton Mifflin Company. All rights reserved.

I. 1. bellissimo 2. meglio di me *or* meglio di tutti 3. la migliore 4. la più intelligente 5. grandissimi

J. 1. abbiamo, beviamo *or* avessimo, berremmo 2. piacerebbe, potessi 3. farebbero, chiedessi 4. avessi detto, sarei arrivato 5. sarebbero venute, si fossero ricordate

K. 1. Quella studentessa è stata criticata dal professore. 2. Un articolo sull'elezione era scritto dal giornalista. 3. I diritti dei cittadini sono garantiti dalla Costituzione. 4. I risultati del sondaggio saranno presentati da me domani. 5. La sceneggiatura è stata portata alla prova dal regista.

L. 1. si mangiano 2. si vedono 3. si sono venduti 4. si è capita 5. Si accettano

M. ho pensato/pensavo, fosse, studiavo, è arrivata, ha detto, temevo, avrebbe fatto, ho chiesto, avevo baciato, è diventato

N. 1. Il professore ha detto che si era stupito dei risultati dell'elezione. 2. Roberta dice che Carlo andrà a teatro la sera dopo. 3. La giornalista direbbe che dovrebbe tenersi aggiornata sulla politica. 4. Marco diceva che a Marianna e Luca era piaciuto lo spettacolo. 5. Mia mamma domanderà perché non verrò lì.

O. 1. misurarsi la temperatura 2. l'orecchio 3. un cappotto 4. fa una brutta figura 5. la lana 6. slanciate, alte 7. una fabbrica, il contadino, ufficio 8. gli annunci di lavoro 9. guidare 10. timbrare 11. un vaporetto *or* un traghetto *or* una gondola 12. un tassista 13. uno scalo 14. la ditta 15. un libero professionista 16. alla biglietteria 17. all'agenzia di viaggio

P. *Answers will vary.*

Q. *Answers will vary.*

R. *Answers will vary.*

 Copyright © Houghton Mifflin Company. All rights reserved.